世界经典制服徽章艺术

（修订版）

指文号角工作室　主编

台海出版社

图书在版编目（CIP）数据

号角：世界经典制服徽章艺术. 8 / 指文号角工作
室主编. -- 北京：台海出版社，2017.5
ISBN 978-7-5168-1437-6

Ⅰ. ①号… Ⅱ. ①指… Ⅲ. ①军服－介绍－世界②军
徽－介绍－世界 Ⅳ. ①E127

中国版本图书馆CIP数据核字(2017)第125864号

号角：世界经典制服徽章艺术 8（修订版）

主　　编：指文号角工作室

责任编辑：戴　晨　　　　　　　　　策划制作：指文文化
视觉设计：杨静思　　　　　　　　　责任印制：蔡　旭

出版发行：台海出版社
地　　址：北京市东城区景山东街20号　　邮政编码：100009
电　　话：010－64041652（发行，邮购）
传　　真：010－84045799（总编室）
网　　址：www.taimeng.org.cn/thcbs/default.htm
E－mail：thcbs@126.com

经　　销：全国各地新华书店
印　　刷：重庆共创印务有限公司
本书如有破损、缺页、装订错误，请与本社联系调换

开　　本：787mm×1092mm　　　　　　1/16
字　　数：240千字　　　　　　　　　印　　张：15.5
版　　次：2018年7月第2版　　　　　　印　　次：2018年7月第1次印刷
书　　号：ISBN 978-7-5168-1437-6

定　　价：179.80 元

出版寄语

国防的点点滴滴，依靠的是人民的热爱与支持；军事文化的点点滴滴，依靠的是军迷的痴迷和奉献。惟愿《号角》越办越好，惟愿更多的人喜欢军事文化！

——刘猛，知名军事题材电视导演

《号角》是国内不多见的以勋赏文化为主题的独门文丛。以军服、勋章为切入点，深掘史实，精讲兵戎，勾连审美，旁通政制。一声号角，带起一曲战争艺术的交响。祝这一声号角给中国文化建设中还比较薄弱的军事文化声部，注入黄钟大吕般的雄浑与恢宏。

——朱克奇，深圳广播电台主持人，知名军事评论员

看过不少军事杂志，但被《号角》深深折服了，严谨的风格，华丽的包装，偏执考究的细节……在想，什么样的主编才会制作出如此作品呢。和主编交了朋友，为他对勋章制服的痴迷与挚爱所折服，真汉子不一定是豪言壮语、大碗喝酒，一本竭心的文字同样体现豪迈，想到了当年的自己。祝《号角》越走越远。

——刘子军，知名军事评论员

每个收藏品背后，都承载着一段历史，或者都有一个曾经真实的英雄，而军事徽章和制服的收藏，可以促使我们研究收藏品背后的故事，来尽可能地接近真实的历史。希望徽章和制服文化，能够更多地融入军迷的生活中。

——李晓健，"超级大本营"军事论坛主编

旗章服制之事并非低级趣味，一个民族的荣誉感和尚武精神均由此而滋生。军品收藏研究为军学入门佳径，愿《号角》激励引领军友奋勇前行！

——余戈，知名抗战史学者

西点军校的校训为"责任、荣誉、国家"，而这三个词组凝聚成形态，便是军人身着的军服以及佩戴的各种徽章。指文文化出版的《号角》，便是专门对于这种军人的荣誉和纪录予以详尽介绍的一种同时富有知识性和趣味性的丛书。

——章骞，知名海军史学者

军事徽章和勋章是表彰军人战功的最佳载体，佩戴在军服上的每一枚勋章都是血与火凝结而成，作为一个老军迷，我也想探究每一枚勋章背后的故事，但受限于手头资料的缺乏以及对各国勋略制度的不了解，再加上网络时代以讹传讹的信息饱和，很难对各个国家的勋章有个综合全面的正确了解。不过翻开这本《号角：世界经典制服徽章艺术》，我有了豁然开朗的畅快感，全书从多个角度对世界各国军事徽章进行了详细的介绍，不管是军事徽章勋章知识的扫盲还是进阶，《号角》都是一本不错的工具读物。

——肖宁，《兵器》杂志编辑部主任

军事制服和徽章，在西方历来被称作男人的饰品，它们是军事历史和文化的浓缩，也是勇敢和责任的彰显。如果愿意，你可以跳出这一个个金属和织物的本相，去从中领悟它们背后的深邃内涵。

——王亚男，《航空知识》杂志主编

勋章、奖章、军服是历史，尤其是军事史研究中绝不可忽略的重要细节，《号角》丛书以此为专门研究和普及的内容，不仅在大陆上首开风气，而且学术性极强，编者、作者们的良苦用心和辛勤努力令人敬佩，谨在此祝贺丛书问世，希望保持风格和专业性，以嘉惠学林和普及军服、勋奖章文化。

——陈悦，知名海军史学家、海军史研究会会长

角鼓铮鸣，金戈铁马，勋标争辉，胄甲探奇，谈收藏鉴赏会友，品兴衰成败往事，祝新号角丛书旗开得胜，大行其道。

——朱步冲，《三联生活周刊》主笔

由号角团队厚积薄发倾心推出的新《号角》，真如鸣响的号角一般，再度拨动着军事爱好者的心弦。且不谈整部文集的制作精美，也不提篇篇佳作的条分缕析，光是著者们考证各种勋饰的精心和准确程度，就足以令人仰慕钦服。

——汪冰，知名军事作家，《帝国骑士》、《德国名将：曼陀菲尔传》作者

连夜看完手中的这本新《号角》，心中不由浮现出一个词——文心雕龙。相信《号角》的新生对于每一位军事爱好者都是一个福音。它不仅填补了国内在徽章与制服方面的研究空白，而且有力地促进了相关知识的普及。不飞则已，一飞冲天；不鸣则已，一鸣惊人。

——刘晓，《极客》杂志社副主编

军服和勋章是展示一支军队精神面貌和历史最好的方法，只有了解军服和勋章的历史，你才能真正了解这支部队！《号角》恰恰就给我们提供了这样一个平台！

——知名历史学家、中国圆明园学会学术专业委员会委员 刘阳

在我刚刚从事军事图书翻译时，就希望能看见这样一本书，既有可读性，又能为我这样的从业者提供某些参考和帮助。书中阐述的这些勋章，你可能听说过，也可能有些肤浅的了解，但对其来龙去脉及详细内情并不一定特别清楚；对我来说，掌握这些勋章的准确名称对日后的翻译工作不无裨益。

——小小冰人，著名军事图书翻译专家

《号角》是国内军服勋章领域的专业书籍，从一个独特的角度阐述历史兴衰和文化传承，阅读此书不仅是学习，也是享受。

——董旻杰，知名军事历史作家

合作伙伴

德国Hermann Historica拍卖行

德国Bene Merenti拍卖行

编委会名单：

主编：谢亮

活动策划：刚寒锋

编委：马宁宁 王晓宇 刘文 李旸 沈晨 周彦成 徐津川 高雷

Christian Lehrer　Christopher Ailsby　Detlev Niemann

Gordon Williamson　Igor Moiseyev　Roger James Bender

Sascha Weber　Sascha Zimmermann　Neil Stewart

Ed Hayes　Dietrich Maerz

号角网（http://www.ihaojiao.com）

致谢

本书在编辑出版过程中，得到了国内外制服徽章收藏界众多朋友及机构的大力支持，在此表示由衷感谢。他们是（中文按姓氏笔画排列，外文按姓氏或机构名称字母顺序排列）：

个人：

于剑（北京）

马宇驰（浙江上虞）

马晓炯（上海）

王宁（北京）

王玉辰（河北邯郸）

王坤（德国锡根）

王栋（北京）

王雷（四川成都）

王相阳（广东佛山）

车曔（马达加斯加）

叶盛（江苏南京）

吕小洁（北京）

任钦亮（山东青岛）

朱惟伦（台湾台北）

朱与善（上海）

乔磊（北京）

向上（北京）

刘萌（辽宁铁岭）

刘方舟（北京）

刘有全（广东广州）

刘志斌（北京）

刘岩生（北京）

刘海鹏（北京）

许子彦（河北张家口）

许冀生（河北石家庄）

祁斌（海南海口）

孙捷之（江苏南京）

杨思（北京）

杨卫国（广东广州）

杨雨桐（辽宁沈阳）

杨健海（广东广州）

苏楠（河南郑州）

李伟（北京）

李岳（北京）

李骅（四川成都）

李楠（北京）

李文浩（辽宁沈阳）

李威（台湾台北）

李航（新疆阿勒泰）

李晓铭（山东青岛）

李雁翀（北京）

吴向民（浙江杭州）

吴侃（上海）

吴焕（浙江金华）

邱松（上海）

宋宁（北京）

张义军（辽宁大连）

张日鑫（江苏南京）

张劲雄（北京）

张昊（天津）

张忠钰（陕西西安）

张萱（德国慕尼黑）

张勇（北京）

张哲（河北石家庄）

张玮（上海）

张翔（四川成都）

张腾（广东广州）

张煜（陕西西安）

张铠闻（上海）

陈晖（广东广州）

陈雅（北京）

陈首熹（福建厦门）

林立（北京）

林庆安（台北）

林建强（香港）

林臻（北京）

金松（北京）

邹志诚（山东威海）

周光龙（云南德宏）

周牧原（北京）

周鑫钰（美国阿拉巴马）

郑山（北京）

经涛（江苏徐州）

孟飞岩（北京）

赵月（四川达州）

赵昊（上海）

胡晨（天津）

柯涛（北京）

查列（广东广州）

侯德林（陕西西安）

钟铁军（广东广州）

俞磊（四川成都）

贾川（四川成都）

贾磊（北京）

贾星焕（山东青岛）

钱冬昊（安徽马鞍山）

徐扬（云南昆明）

郭卫（河北任丘）

高笑（广东广州）

高翔（上海）

崔劲波（辽宁丹东）

章帆（浙江温州）

黄锡聪（香港）

黄麒冰（福建宁德）

黄灏明（广州）

康兆（广东深圳）

阎旭彤（北京）

董隽（上海）

蒋伟亮（上海）

程业恒（江苏南京）

鲁宁（河北石家庄）

谢雨昊（重庆）

强景明（江苏镇江）

解燊阳（广东广州）

潘好（浙江湖州）

魏明（北京）

Aivars Zvīdris（拉脱维亚尤尔马拉）

Angel Garbachkov（保加利亚索菲亚）

Alexander Grozdanov（保加利亚索菲亚）

Artan Lame（阿尔巴尼亚地拉那）

Craig Gottlieb（美国索拉纳滩）

Dmitry Shubin（俄罗斯叶卡捷琳堡）

Dragan Stanisavljavić（塞尔维亚贝尔格莱德）

Gobányi Gábor（匈牙利布达佩斯）

Jani Tiainen（芬兰坦佩雷）

Jovan Mara（塞尔维亚贝尔格莱德）

Klaus Butschek（德国雷根斯堡）

Valeriy Aleksandrovich Durov（俄罗斯莫斯科）

Warren E. Sessler（美国加利福尼亚）

William A. Boik（美国弗吉尼亚）

Stefan Dolašević（塞尔维亚贝尔格莱德）

机构：

北京诚轩　北京中汉　上海朵云轩　中国保利　中国嘉德

Armádním muzeu Žižkov（捷克布拉格）

Auktionshaus Andreas Thies eK（德国纽尔廷根）

Auktionshaus Carsten Zeige（德国汉堡）

Auktionssaal SINCONA AG（瑞士苏黎世）

AUREA Numismatika s.r.o.（捷克布拉格）

B&D Publishing LLC（美国密歇根）

Baldwin's（英国伦敦）

Bayerisches Armeemuseum（德国因戈尔斯塔特）

Berliner Auktionshaus für Geschichte（德国柏林）

Berliner Münzauktion（德国柏林）

Berliner Zinnfiguren & Preussisches Buecherkabinett（德国柏林）

British Library（英国伦敦）

British Medals（英国卡斯尔顿）

Caen Encheres（法国卡昂）

Carsten Staegemeir UG（德国多特蒙德）

Deutsche Gesellschaft für Ordenskunde e.V.（德国罗特）

Dix Noonan Webb Ltd（英国伦敦）

Dothoreum（奥地利维也纳）

eMedals（加拿大博林顿）

Fellows（英国伦敦）

Fritz Rudolf Künker GmbH & Co. KG（德国奥斯纳布吕克）

Gentlemen's Military Interest Club（英国）

Hadtörténeti Intézet és Múzeum（匈牙利布达佩斯）

H.D.Rauch. GmbH（奥地利维也纳）

Heeresgeschichtliches Museum Wien（奥地利维也纳）

Helmut Weitze Militärische Antiquitäten（德国汉堡）

History Shop（德国塞沃托尔）

Imperial War Museums（英国伦敦）

Karl-Heinz Cortrie GmbH（德国汉堡）

Katz Auction（捷克布拉格）

La Galerie Numismatique（瑞士洛桑）

Leipziger Münzhandlung und Auktion Heidrun Höhn（德国莱比锡）

Liverpool Medals Limited（英国奥尔特灵厄姆）

Militärhistorisches Museum der Bundeswehr（德国德累斯顿）

Militaria-Agent（德国卡尔滕基兴）

机构：

Morton & Eden Ltd（英国伦敦）

Musée de l'Armée（法国巴黎）

Musée de la Légion d'Honneur（法国巴黎）

National Army Museum（英国伦敦）

Orders and Medals Society of America（美国）

Pannonia Terra（匈牙利布达佩斯）

Philipp Militaria（德国肖伦）

Royal Collection Trust（英国温莎）

Royal Maritime Museums（英国格林尼治）

San Giorgio Aste Srl（意大利热那亚）

Spink & Son（英国伦敦）

Stack's Bowers Galleries（美国加利福尼亚）

The New York Sale（美国纽约）

Verlag Militaria GmbH（奥地利维也纳）

Vojni muzej（塞尔维亚贝尔格莱德）

CONTENTS
目录

前言

德国，收藏和研究勋赏文化绕不过去的国家

    德国，是研究勋赏制度永远绕不过去的一个国家，也是将勋赏制度发扬到极致的一个国家。当前对勋赏制度研究水平最高的国家也是德国。这是因为在其历史上，勋赏制度一直是国家政体的一个重要组成部分。与其他国家不一样，勋章几乎贯穿了德国历史的所有阶段，成为与国家制度和政权建设全面结合起来的一个不可或缺的部分。横向来看，早在几百年前，各个邦国就设立了林林总总的勋章，有些勋章甚至设立于中世纪时期；而时至今日，德国各州也都有自己独特的勋章。纵向来看，德国的不同历史时期又有不同的勋赏体系，前后继承但又互有不同。

    早期的德意志勋章基本上都是带有非常浓厚的王室和贵族勋章的特点，主要功能则是身份认证。所以如果真的要较真起来，很多勋章的授予标准都是模糊的，并没有明确。尤其是类似巴伐利亚、普鲁士、萨克森这种大国，设立了多款授予标准相近的勋章。一位功勋人士到底会获得哪种勋章，很大程度上恐怕要看国君的心情。

    1918年德意志帝国灭亡至希特勒上台期间，德国的勋赏制度走入低潮。短命的魏玛共和国为了稳定动荡的政局，根本没有时间来考虑设立勋赏制度的问题，而前朝各种勋章巨大的影响力又使得社会对新政权设立勋赏制度一事毫无兴趣。1933年，希特勒上台，德国的勋赏制度开始进入另一个高潮。

    纳粹德国改进了此前德国勋赏制度的一些传统做法。这主要体现在三个方面：第一、将颁发勋赏的权力集中在国家层面；第二、将获颁勋赏的对象扩展到全体公民；第三、减少了勋章的种类，大幅提升证章的地位。纳粹政权深知勋赏的这些独特作用。尤其是在巩固政权方面，纳粹德国充分运用了勋赏的功能。在那个时期，千千万万德国普通人能够心甘情愿为这个政权卖命，一方面是这个民族长期以来重视国家观念的结果，而另一方面，从个体而言，也是为了在这个国家通过奉献得到承认、获得地位。于是，林林总总的勋赏让重视荣誉的德国人为纳粹政权服务，而纳粹政权又通过完备的勋赏来满足德国人对荣誉的渴求。但是，我们必须知道，纳粹勋赏先天就带有邪恶的本质，是为一个罪恶的政权服务的。这容不得任何人辩解。

    二战之后，德国分裂。东西德也先后走向两条不同的发展轨道。战后西德在勋赏制度上显得极其低调。一方面，在几大国的主导下，此前的勋赏制度全部被废除，也不得不废除。另一方面，联邦德国只设立了全国性质的功勋勋章和科学与艺术功勋勋章，就连奖章也只有少得可怜的几种。东德则完全走向另一个极端。它在勋赏制度上堪称世界历史上最复杂的一个特例。东德的勋赏制度脱胎于苏联，但又"青出于蓝而胜于蓝"；从表面上断绝了与纳粹德国时期的任何继承关系，却在很多地方显得与纳粹德国时期相类似。

    两德统一之后，东德的勋赏制度又被完全废除，全德的勋赏制度跟其他各项制度一样，被统一到联邦德国的体系里面来。但是，经历了几百年的曲折发展，德国的勋赏制度已经堪称全世界最丰富和最完整的，无论哪个时期的勋赏制度，甚至某个时期不同主体的勋赏，都是值得仔细品味的。这个国家的勋赏制度，如同其他德国人引以为傲的方面，将长久成为历史学家和收藏者津津乐道的话题。

指文号角工作室

2017年4月

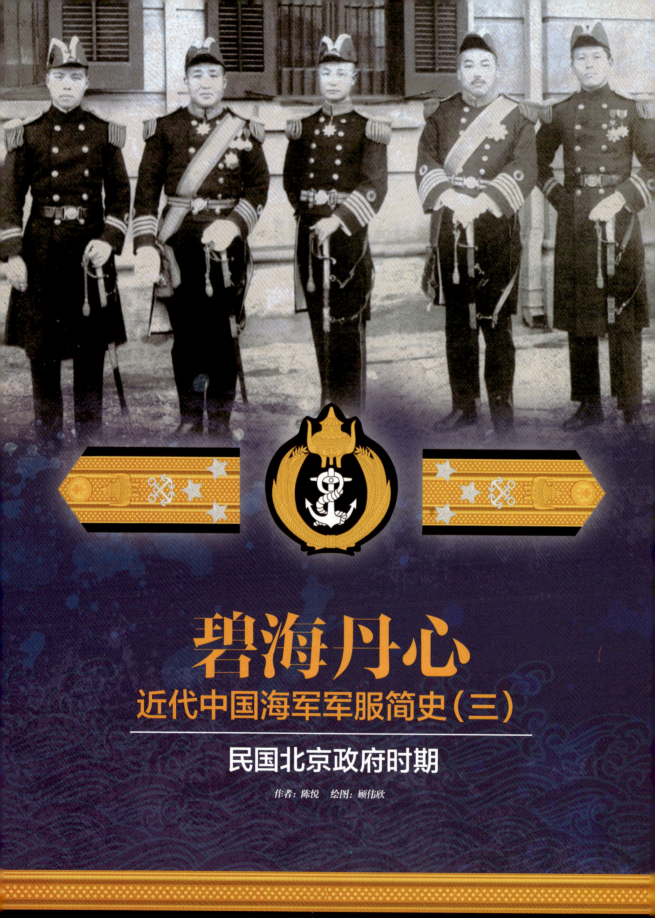

碧海丹心
近代中国海军军服简史(三)

民国北京政府时期

作者:陈悦　绘图:顾伟欣

海军军服制度的诞生

1911年辛亥革命爆发，顺应推翻封建帝制的时代巨变，自身带有浓厚西式特征的清末海军发生了全军种倒戈举义。先是1911年11月2日，驻在上海吴淞口的海军蚊子船"策电"号首先举起义旗，参加革命军，其他停泊于黄浦江上下的海军舰船"建安"、"南琛"、"登瀛洲"、"湖鹏"、"辰"、"宿"、"列"紧随其后在11月4日起义，成立沪军都督府海军处，推举海军军官毛仲芳为处长，海军宿将刘冠雄为顾问。其后11月12日，驻南京的海军舰队经革命党人发难，遂由舰长宋文翙统率，包括"镜清"、"楚观"、"楚同"等10余艘舰艇驶至江苏镇江江面，集体举义，成立镇军都督府海军处，海军军官吴振南任处长。最后11月15日，原在汉口参与镇压革命的海军主力舰队"海容"、"海琛"等军舰驶至九江举义，成立革命军舰队，海军军官汤芗铭任司令。

清政府海军起义后，立刻在各地协助革命军作战，甚至组建北伐舰队护送革命军登陆进攻胶东以及关外辽宁等地。1912年元旦，中华民国南京临时政府成立，中国的历史纪元迈入新的时代，新政府下设立专门的海军部，由"海筹"巡洋舰舰长黄钟瑛任总长，中国海军就此过渡到中华民国海军时期。南京政府设立之时，国内局势未定，各种朝代鼎革的工作亟待开展，短时间并未能论及军队服制的更新，因而中华民国海军官兵事实上仍然穿着清末海军制服，只是将原先的帽徽等标志符号摘除或更改，以示区分。1912年2月12日，清王朝在内外压力下宣布放弃政权，清帝下诏退位，根据南北议和的约定，孙文辞去中华民国南京临时政府临时大总统职，临时参议院选举原清王朝内阁总理大臣袁世凯为临时大总统，迁首都于北京，由此开始了中华民国北京政府的历史。

袁世凯北京政府成立后，重新任命内阁，海军将领刘冠雄出任海军部总长，于1912年5月1日就任。刘冠雄上任伊始，将建章立制以及设法接收清王朝在海外订造未竣工的军舰作为重点工作内容，在1912年当年即陆续颁布了诸如海军部官制、海军总司令处条例、旗帜制度、官佐士兵等级、海军部办事规则等一系列奠定建军基础的规章，有关海军军服制度的设计工作也在紧锣密鼓进行中。经历了大约半年的调整和试验过程，中华民国海军第一套军服在1913年的年初基本定型，1913年1月18日临时大总统袁世凯签发大总统令，正式批准颁行这套海军服装制度，2月1日由海军总长刘冠雄签发海军部令，将名为《海军服制图说》的海军军服制度专书印发给全军，要求"各舰及海军所属各机关自接到此项服制图说之后统须一律遵改"。

▲ 曾任海军总长的黄钟瑛

▼ "海筹"号防护巡洋舰

▲ 辛亥革命前的"楚同"号

◀ 民国成立后各项新制度亟待建立和完善，新生的民国海军曾经历了一段短暂的"乱穿衣"阶段。照片为1912年末北京政府首任海军总长刘冠雄与到访的法国使团人员的合影，照片中刘冠雄（左起第六人）以及身旁的其他海军将领（左起第四人、右起第二人）身着的还是前朝的1909式海军服，袖章仍然是英式的将最上一道金线编结出圆环的样式。然而饶有趣味的是，照片中最右侧的那名中国海军参谋却明显佩用了带有嘉禾环装饰的1913式袖章。这张新老军服共存的照片，说明了民国1913式海军军服在正式颁行之前，曾有过一段设计试穿时期

▼ 1913年元旦，刘冠雄与北京政府海军部官佐、职员的集体合影。此时距离1913式海军军服制度颁布已为期不远，照片中的海军军官们大多已经提前穿上了新式军服，然而军服上的一些细节配饰尚未最终定型，呈现出造型五花八门的热闹景象，为中国海军军服史留下了一张十分珍贵的纪念。照片中的军官已经完全改用带有宝鼎的新帽章，但是帽章的轮廓造型极为杂乱，从中甚至还能看到直接把清代1909式帽章上的龙改成宝鼎的情况。在照片中的第一排，居中而坐的总长刘冠雄已经穿上标准的1913式海军上将公服，然而从刘冠雄向左数第二位海军少将，头戴的却是1909式清政府海军的大盖帽，帽墙上用以标识级别的2道金线清晰可见。从刘冠雄向右，不难看到还有几位军官身穿西服领的1909式清代海军公服，甚而还有人使用着1909式圆环袖章

北京政府海军官佐士兵等级一览表
（1912年10月20日大总统令公布）

说明：表中「上等军官（将官）」对应「将官同等军佐」，「中等军官（校官）」对应「校官同等军佐」，「初等军官（尉官）」对应「尉官同等军佐」。

类别	中将	少将	上校	中校	少校	上尉	中尉	少尉	准尉官	上士	中士	下士	一等兵	二等兵	三等兵	一等练兵	二等练兵
航海（军官）	中将	少将	上校	中校	少校	上尉	中尉	少尉	—	—	—	—	—	—	—	—	—
航海（军士兵）	—	—	—	—	—	—	—	军士长	副军士长	上士	中士	下士	一等兵	二等兵	三等兵	一等练兵	二等练兵
军乐	—	—	—	—	—	—	—	军乐长	副军乐长	军乐上士	军乐中士	军乐下士	一等军乐兵	二等军乐兵	三等军乐兵	—	—
轮机（军官）	轮机中将	轮机少将	轮机上校	轮机中校	轮机少校	轮机上尉	轮机中尉	轮机少尉	—	—	—	—	—	—	—	—	—
轮机（军士兵）	—	—	—	—	—	—	—	轮机军士长	副轮机军士长	轮机上士	轮机中士	轮机下士	一等轮机兵	二等轮机兵	三等轮机兵	—	—
修械	—	—	—	—	—	—	—	修械长	副修械长	修械上士	修械中士	修械下士	一等修械兵	二等修械兵	三等修械兵	—	—
军医	军医总监	—	军医大监	军医中监	军医少监	一等军医官	二等军医官	三等军医官	—	—	—	—	—	—	—	—	—
看护	—	—	—	—	—	—	—	看护长	副看护长	看护上士	看护中士	看护下士	一等看护兵	二等看护兵	三等看护兵	—	—
军需	—	军需主监	军需大监	军需中监	军需少监	一等军需官	二等军需官	三等军需官	—	—	—	—	—	—	—	—	—
簿记	—	—	—	—	—	—	—	簿记长	副簿记长	簿记上士	簿记下士	—	—	—	—	—	—
造械	造械总监	—	造械大监	造械中监	造械少监	一等造械官	二等造械官	三等造械官	—	—	—	—	—	—	—	—	—
船匠	—	—	—	—	—	—	—	船匠长	副船匠长	船匠上士	船匠中士	船匠下士	一等木工	二等木工	三等木工	—	—
航务	—	—	航务大监	航务中监	航务少监	一等航务官	二等航务官	三等航务官	—	—	—	—	—	—	—	—	—

因设计、制作更换的时间紧迫，加之考虑到尽量节省更换军服所需付出的成本，民国北京政府《海军服制图说》实际上很大程度参考、保留了前清1909式海军军服的设计，服装的种类、配色、样式等都大体相近，最大的变化一是将一些不易加工缝制的工艺予以变通改变，另一则是将服装制度中具有政治标志性的符号调整变化。基本上只要对一些局部徽志、章纹进行更换，就可以继续使用积存的清政府1909式海军军服。

清末海军军服上重要的徽记是龙，在进入民国后被视作是帝制的象征而抛弃，从海军服装中彻底消失，取而代之的是一种三足宝鼎图案。由于鼎上带有盖，更容易让人联想到香炉或道士的炼丹炉。宝鼎和海军，显然之间不存在有什么关联，之所以采用这一图案作为新海军的标志，可能是看中了革故鼎新的良好寓意，同时北京政府时代正值推翻帝制后汉文化复兴，国家的国徽就选择了古意盎然的日月星辰等传统十二章图案，在这种文化氛围下，选取具有汉文化古典美学色彩的鼎来作为海军的标志物，也尚可以理解。

除此外，清末1909式海军军服上另一大量运用的图案元素月桂，在新的时代则被嘉禾图案取代。嘉禾是中国古代传说中的佳木，即稻子上抽出双穗，寓意着丰收、吉祥，中华民国成立后嘉禾图案被大量用于勋章、钱币，象征着中国以农为本、农业立国的国家根本所在。海军将嘉禾图案融入了军服的设计中，主要采用的是一种五叶嘉禾式样。

由于中华民国海军1913式军服很大程度上参考吸收了清政府海军1909式军服的设计，使得新生的民国海军不仅仅是人员继承自清末海军，军人外在形象也与清末海军没有根本性的颠覆变化，显示了二者之间的关系实际并非是彻底取而代之，而是中国海军在跨越不同朝代时的传承延续。

海军官佐服

在金色三足宝鼎徽的照耀下，民国北京政府的海军服制由官佐服、学生服、士兵服等三大部分共同组成，《海军服制图说》在以图表等形式细致规定各种军服的设计模式外，还以条令形式，对各种服装的穿着场合做了周密细致的规定。

中华民国北京政府海军官制模仿前清制度，军官分为三等三级（将、校、尉），只是在具体的等级名称上有所不同。除作为战官的军官之外，还有轮机官，以及与军官同等级的军佐。海军官佐军服采用英国式，服装的构成种类和清末1909式海军服基本相同，分为大礼服、礼服、公服、常服、夏服以及配套的外套、短外套、雨衣等，具体的服装和配件设计方面，也多有相仿之处。具体可以分作章、服、配件来分别进行介绍。

章

章是军服中用以标识国家、军衔的重要标志物，北京政府海军官佐服上出现的章包括帽章、袖章、肩章、领章四大类。

其中的帽章用于官佐大盖帽，在《海军服制图说》中称为军官常帽，帽章配于军官常帽帽墙正面，帽章总体用蓝黑色呢子裁剪成桃形，竖长约5厘米，横宽约6厘米，帽章表面的图案组合模式和英式海军帽章相同，即主图为海军锚，周围环绕植物叶片装饰，海军锚上方缀以代表军徽的图案。北京政府海军帽章中间缀银色立体海军锚标记（轮机官和军佐为金色海军锚），海军锚上方装饰的是金色三足宝鼎，在海军锚左右衬托5叶嘉禾，均用金色线盘丝绣成。由于正统的英式海军帽徽是采取这种在呢子布面上缝制各种构成元素的做法，而非一体成型，因而在朝代更迭、变换军服时，北京政府海军出现了新式帽章未及大量制作，于是先行发放宝鼎徽，各官佐自行把原先军帽上的清代1909式帽章中的龙徽摘除，代之以宝鼎徽的情况。由于1909式帽章上所绣的月桂叶叶片较大、构图分散，帽章的总体轮廓与英国海军类似，呈向外放射状，而1913帽章采取的嘉禾叶内敛聚拢、构图紧凑，帽章的轮廓圆顺，凭着这一小小的区别，就不难从留存的历史照片上辨认当年的海军官佐谁佩戴的是新制作的帽章，谁在用前清的帽章凑数。

北京政府海军官佐服的袖章是标识军官军衔和技术专业的识别物，采用金线织带盘结，大礼服、礼服、公服、常服上均配饰袖章。北京政府海军军服配套所用的金线织带根据宽度的不等，共分为7个级别，即一寸四分宽道（约3.55厘米）、一寸二分宽道（约3厘米）、八分中道（约2厘米）、六分中道（约1.62厘米）、五分中道（约1.27厘米）、四分中道（约1厘米）、二分窄道（约0.5厘米），其计算单位为英制，金线的宽度乃至表面的图案几乎都和清末

▲ 北京政府海军军官常帽帽章图样

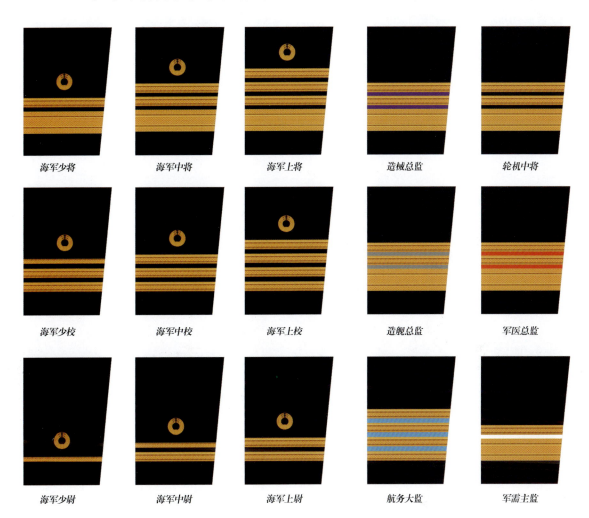

北京政府海军军官袖章

海军少将	海军中将	海军上将
海军少校	海军中校	海军上校
海军少尉	海军中尉	海军上尉

北京政府海军军佐袖章

造械总监	轮机中将
造舰总监	军医总监
航务大监	军需主监

海军1909式服装制度如出一辙，宽道金线上编织形成有4条高光带，中道金线只有2条，窄道金线则只有1条。具体在袖章上，主要使用3.55厘米宽道、1厘米中道、0.5厘米窄道三种。

将金线装饰为袖章时，传统英式海军服习惯将袖章最上方的一道金线的居中位置盘结出一个圆环，清末海军1909式军官服即采取这种做法，但是用金线盘结圆环的工艺较为复杂，而中华民国北京政府成立伊始，有大量海军军官得到晋升任用，很多人的袖章需要重新调整，大量制作金线圆环显然耗时费事，1913年军服制度干脆取消了袖章上的金线圆环装饰，改在袖章上方间隔3.8厘米处，缝一个单独用金丝在圆形黑蓝呢底上盘结的嘉禾圆环装饰，这一别出心裁的设计省却了金线圆环工艺，更便于军服缝制（各级军官

袖章中，仅有海军见习生的公服、常服袖章保留了盘结金线环的做法，具体为一条窄道金线，在中部盘结出圆环）。需要说明的是，北京政府海军官佐服的常服袖章并不采用金线制作，而是改用黑色织带，配套的嘉禾环也改为黑色，由于常服会在战斗中使用，在深蓝色的服装袖口装饰金灿灿的袖章，显然容易被敌方注意和辨识，改用黑色袖章属于一种降低可视度的做法。

除此之外，北京政府海军官佐服袖章也和清末1909年式海军服制度一样，为轮机官和军佐设定了专门的区分标志。轮机官的袖章不装饰嘉禾圆环，军佐的袖章则是在织带中编入不同颜色的装饰条，其中军医红色，军需白色，造械紫色，航务蓝色，造舰灰色。

北京政府海军官佐服配套的肩章也是军官阶级

和专业的重要识别配饰，分为大礼服、礼服用的大肩章，以及夏服、外套、雨衣用的普通肩章两类。大肩章的造型和1909清末海军军服制度中的基本一样，属于带穗肩章，只是肩章表面缀钉的标识不同。海军将官用大肩章表面为金线饰面，挂有两圈金穗，金穗以金属丝盘结成类似弹簧状，外圈的金穗每挂直径约2.8厘米，长约6厘米，共20挂，内圈的金穗长度也是约6厘米，直径减至约1.1厘米，共19挂，肩章表面镶钉1个金色三足宝鼎装饰以及2柄互相交叉的银色海军

锚装饰，另按照上将、中将、少将阶级的不同，分别装饰3、2、1颗银色五角星装饰。海军校官大肩章也是采用两圈金穗，金穗长度和将官肩章相等，但是直径较小，只有约2.5厘米，外圈用22挂，内圈用21挂，肩章表面图案与将官基本相同，只是将双银锚改成了单锚。海军尉官大礼服肩章的级别等而下之，上尉肩章和校官相似，肩章表面不用银锚，只有宝鼎和3颗银星。中尉、少尉大肩章没有金穗，肩章表面分别是宝鼎和2颗及1颗银星。

北京政府海军军官大礼服肩章

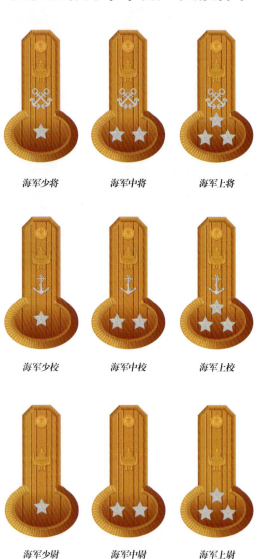

海军少将　　海军中将　　海军上将

海军少校　　海军中校　　海军上校

海军少尉　　海军中尉　　海军上尉

北京政府海军军佐大礼服肩章

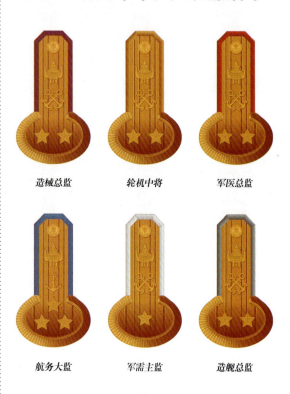

造械总监　　轮机中将　　军医总监

航务大监　　军需主监　　造舰总监

▲ 民国1913式海军少将夏服肩章实物。收藏/中国船政文化博物馆

北京政府海军军官肩章

海军少将

海军中将

海军上将

海军少校

海军中校 海军上校

海军少尉

海军中尉

海军上尉

北京政府海军军佐肩章

一等造械官

造械大监

造械总监

一等军医官

军医大监　军医总监

一等造舰官

造舰大监

造舰总监

一等军需官

军需大监

军需总监

轮机上尉

轮机上校

轮机中将

一等航务官

航务大监

　　海军官佐用普通肩章为长方条式，用黑蓝色呢子为底，其中将官肩章的模式和清末1909式海军军服的做法一样，基本就是将大礼服肩章上的元素整体移植，肩章的表面装饰1条3.55厘米宽道金线，在金线的表面缀钉金鼎、交叉银锚以及银色五星等徽记。饶有趣味的是，1909式海军军服中二等、三等军官的肩章设计采取了和袖章近似的图案，即带有圆圈的金线条，北京政府1913式海军服原本就嫌工艺复杂而设法回避了袖章上的金线圈，于是在设计校、尉官普通肩章时不再沿用1909清末海军的做法，而另辟蹊径，借鉴了将官肩章以及当时日本海军军官肩章的设计，即以简单的金线作为肩章装饰，上缀和大礼服肩章相应的徽记。其中校官肩章表面装饰两条1厘米中道金线，以及金鼎、单银锚、

银色五星。尉官的肩章上装饰3条0.5厘米窄道金线，表面装饰金鼎、银色五星。另外海军见习生肩章装饰1条0.5厘米窄道金线、上缀1颗金鼎。海军官佐肩章上同样也考虑了标识轮机官和军佐的设计。轮机官的大肩章、普通肩章和军官基本模式相同，只是肩章上没有宝鼎，而且五星改作金色。军医、军需、造械、造舰、航务等军佐则在轮机官的模式基础上，于肩章的边缘缀以各自特有的红、白、紫、灰、蓝色装饰线。

　　除帽章、袖章、肩章外，北京政府海军官佐服上另一重要的标志性军记是领章，其运用的范围较窄，只使用在大礼服上。具体的形式是以蓝黑色呢子为底，用金属丝满绣金色五叶嘉禾图案，配饰在大礼服的领口。

服

1913年颁行的民国北京政府海军官佐服品种较多，每种军服实际是一个着装搭配系统，由相应的军帽、上衣（称作上褂）、军裤乃至马甲背心、鞋、手套、军刀等共同构成。

大礼服是海军官佐（将、校、尉）觐见大总统、出席国庆乃至新年宴会、出席有大总统到场的重要阅兵、礼仪活动，领受勋章或参加颁发勋章的典礼、参加其他国家大典时穿着的盛装，在整个军服体系中居于最高端，北京政府海军军官大礼服的服装总体样式和清末1909式一致。大礼服帽为欧式三角帽，高12.7厘米，将官大礼服帽的帽脊两侧外沿包覆3.55厘米宽道金线，帽子前后各装饰用5条金穗编成的金色帽纬，在帽子的右侧面装饰金丝盘绣的嘉禾图案，嘉禾图案外围装饰一条2厘米中道金线。校级军官大礼服帽帽脊包覆2厘米中道金线，帽子前后不用帽纬，帽子右侧的嘉禾绣饰外圈装饰一条0.5厘米窄道金线，尉官大礼服帽帽脊包覆1厘米中道金线，不用帽纬，帽子右侧的嘉禾绣饰外不装饰金线。（轮机官大礼服帽右侧不用金色嘉禾图案，而是采用两条金丝环，在金丝环外装饰金线。军佐大礼服帽的金丝环外不用金线，而是装饰代表各自身份的颜色饰带。）

▲ 身穿1913式海军上将大礼服的海军总长刘冠雄，金线袖章上方的嘉禾环十分显眼

◄ 身穿1913式海军轮机中将礼服的魏瀚，照片中可以看到诸多细节。因为身着的是礼服，因而领口没有领章，所系的刀带也是没有金线装饰的黑皮普通刀带。另外可以看到，轮机军官的金线袖章上方没有嘉禾圆环装饰

► 海军军官陈绍宽（居中）、余振兴（左二）等的合影。居中的三位军官身着的都是1913式海军大礼服，两旁的则穿着海军礼服

◄ 身着1913式海军上尉公服的军官，手持的军刀刀柄上可以看到十分清晰的宝鼎轮廓

► 身着1913式海军大礼服的萨镇冰

大礼服的上衣为蓝黑色呢制燕尾服，佩领章、大肩章、袖章，燕尾服正面钉双列金色纽扣，每列7颗，将官、校官燕尾服后腰部左右装饰类似袋盖样式的腰翅，镶3.55厘米宽道金线（将官燕尾服每侧的金线腰翅下点缀4颗金色纽扣），尉官燕尾服后腰不用腰翅，每侧钉4颗金色纽扣。穿着大礼服时，内穿蓝黑色呢子制式背心马甲，马甲钉单列金色纽扣6颗。配合燕尾服，礼服裤为蓝黑色呢西裤，外侧裤边从上至下缝金线装饰，将官各缝1条3.55厘米宽道金线，校官使用1条2.03厘米中道金线，尉官使用1.52厘米中道金线。着大礼服时，要系刀带，挂军刀，手带白色皮手套，脚穿黑色短皮靴。

海军官佐礼服是仅次于大礼服的高级礼仪着装，主要用于随同大总统出席普通晚宴（此时需要着大礼服裤、用大礼服刀带）、担任大总统警卫、谒见大总

▲ 身着1913式海军官佐夏服的"楚有"舰舰长佘振兴。从军服上衣佩戴着勋章、奖章这一细节可知，此时是以夏服代大礼服、礼服的场合

统领受任官命令、参与海军官佐葬礼、拜会外国军舰或重要官员时穿着。礼服的总体造型和大礼服相似，主要的区别有三处。一是上衣改成立领长外套，下摆接近膝盖，类似现代人穿着的大衣。上衣前胸钉缀2列金色纽扣，每列5颗，后腰两侧各钉2颗金色纽扣。第二处区别是礼服裤，礼服裤为西裤，但是裤边不缝金线装饰。第三处是礼服刀带，采用没有金线装饰的黑色皮制刀带。

海军官佐公服主要用在新年节日在舰在军营等场所活动时穿着，以及在随同大总统出席普通宴会时、舰长在舰点检时、谒见长官时、参加军舰下水仪式以及海军军校毕业仪式时、参加军阀会议时等场合。公服的造型和礼服相似，主要的区别是不带大肩章，以及配套的帽子改用军官常帽，即大盖帽。帽子为黑蓝色呢制平钉，帽墙钉青色绸带，帽墙正面底部钉黑色皮质风带，用金色纽扣。军帽前檐皮革制，表面镶有区别阶级的装饰，将官帽檐的内外沿各装饰1.52厘米款金色4道嘉禾纹，校官和上尉帽檐只在外沿装饰1.52厘米宽金色2道嘉禾纹，中尉、少尉的帽檐无额外装饰（轮机官、军佐的常服帽檐上对应采用的是金色带）。北京政府1913军服制度中，海军军校见习生不配大礼服、礼服，但是列有公服，其公服样式较为特别，为立领短衣，衣服下摆为尖形，胸前钉一列7颗金色纽扣，装饰袖章，在出席需要穿着大礼服、礼服的场合，见习生也穿这种公服代替。

海军官佐常服主要用在不穿大礼服、礼服、公服的场合，以及作战之时，海军见习生不配专门的常服，在需要穿常服的场合穿公服代替。常服帽和公服帽相同，常服上衣为蓝黑色呢制立领，佩黑色袖章，衣襟处不钉纽扣，改用暗藏的暗扣。常服裤是和上衣同色的西裤，用呢子或薄绒布裁剪。

海军官佐夏服是夏季使用的服装，在夏季也可代大礼服、礼服、公服。夏服上衣为立领白色，用白麻布或漂白斜纹布来缝制，衣襟钉一列5颗金色纽扣，每侧胸前有1个明口袋，袋口宽约9厘米，深约13厘米，口袋下角为圆角。另外上衣肩头有锁扣，用于佩戴肩章。夏服裤与上衣同色、同料，在炎热季节需要穿着大礼服、礼服、公服、常服时，可以搭配穿着夏服裤。着夏服时可戴大盖帽，帽顶罩白色帽罩。另外还配有一种英国式的防暑盔式帽，也为白色，在炎热季节戴用。穿着夏服时，官佐鞋改用白色布鞋。比较特别的是，考虑到海军制造厂、工厂、煤厂的特殊工作环境，在这些部门工作的军佐另外还配发茶褐色夏服，专用于在岗工作时穿着。

海军官佐的长外套、短外套主要为防寒用，蓝黑色呢制，无袖披风式，带有可拆卸的风帽，肩头配普通式肩章。官佐雨衣造型和长外套相似，惟衣料不同，采用黑色防水布制作，也佩戴普通肩章。

配件

海军官佐服的配件中，较为重要的主要是纽扣、军刀、刀带以及参谋带。

北京政府1913年版海军服制中的纽扣按大小不同分为一号（直径1.52厘米）、二号（直径1.32厘米），纽扣为铜质镀金，上表面突起，纽扣表面外围装饰绳纹，正中为海军锚图案，海军锚图案顶上为宝鼎图案。一号纽扣用于各款军服的外套上衣以及大礼服的腰翅装饰，二号纽扣用在肩章、军帽、马甲背心上。

官佐用军刀分为长短两类。长刀主要是将、校、尉官使用，和清末1909式军刀均参考英国海军式设计，军刀握把铜制镀金，顶部装饰有宝鼎造型，护手上装饰海军锚图案，握手处裹白色珍珠鱼皮，勒三股金线，由于宝鼎的造型较为突兀，难以和剑柄造型融合，显得较为笨拙、显眼。军刀刀鞘为黑色皮质，带有上中两道镀金铜箍，箍上配有挂环，刀鞘底部为镀金铜质鞘底。1913军服制度中的短刀为海军见习生专用，刀柄头部也装饰宝鼎造型，握手处包裹白色珍珠鱼皮，但是没有大护手，代之以简单的条状护手，护手上镶嵌圆盾状装饰，其图案为嘉禾纹环绕的海军锚。短刀的刀鞘也是黑色皮质，只有鞘口一道镀金铜箍，带有左右两个挂环，另在刀鞘底部有铜镀金鞘底。

配合军刀的佩戴，制定有专门的刀带。刀带为黑色皮质（大礼服用刀带在表面额外有金线装饰），刀带扣为铜镀金，扣头表面左右是嘉禾纹，居中镶银色海军锚（轮机官、军佐带扣上用金色海军锚），海军锚顶上为金色宝鼎图案。此外，军刀的刀穗也有特别规定，同样处于减省制作工艺的考虑，没有沿用1909清政府海军的嵌蓝线的英国式金色刀穗，而是采用没有蓝色线装饰的单一金色刀穗。

北京政府海军1913军服制度中的参谋带分为参谋带和副官带两种。参谋带用金色绳以"人"字结编成2条辫状长绳，长绳一端缀以装饰结，另外一端接出两根金色细绳系到专用的铜卡套上形成圆圈，佩戴时将卡套藏在右肩的肩章底部，当穿着公服、常服等上衣没有肩章的服装时，或是直接将铜卡套戴在肩头，或是额外在一侧肩上戴上专用的单肩牌。参谋带主要是海军将官（穿大礼服时用）、海军参谋官、总统海军侍卫、海军顾问、驻外海军武官戴用。副官带和参谋带样式相仿，只是用辫绳引出的细绳为银色，而且是戴于左侧肩头，以示区别。

因为中华民国成立后，制定了一系列的勋奖制度，海军军服制度中就此也有体现，要求在着大礼服、礼服、公服时，以及在夏季以夏服代大礼服、礼服、公服时，必须佩戴勋章和奖章。

▶ 民初曾任海军总司令的程璧光，其身着的服装充满混搭色彩。大礼服帽、礼服均是清政府海军1909式，但是衣服上的纽扣已经全部换成了1913式锚鼎扣。按照将官身着大礼服时应佩戴参谋带的规范，程璧光的右肩挂有参谋带，可参谋带也是清末海军的1909式，可以从参谋带上编制着蓝色条纹以及参谋带的华丽吊坠一窥究竟

▼ ▶ 1913式海军见习生短刀刀柄特写

海军学生、士兵服

民国北京政府1913海军军服制度中的另一大项，是海军学生、士兵等制服。

民国北京政府成立后，海军部核定海军教育制度，全国设烟台海军学校、吴淞海军学校、马尾海军学校等多所海军学校，海军军服中专门就在校学生的制服做出规定。

学生服

海军学生的军服种类较为简单，只大致分作冬服和夏服两种。

学生冬服配用的军帽造型和官佐大盖帽相同，帽章则是特别的式样，用黑蓝色呢为底，表面绣银色海军锚（轮机学生和军医、军需等学生绣金色海军锚）。冬服上衣是立领短服，黑蓝呢制，襟前钉一列

5颗金色纽扣，衣领上各绣1个金色海军锚（为区分军医、军需专业，这两类学生的冬服上衣袖口各镶红色或白色线一条），学生冬服军裤为配套的同色、同料西裤。学生另还配有马甲背心，同样是黑蓝色呢制，前襟钉一列6颗金色纽扣。学生夏服的军帽和冬服相同，上衣和军服样式和冬服相同，衣料改用漂白斜纹布。除此之外，海军学生还配有制式外套，样式和官佐外套基本相同，但是没有肩章搭绊。海军学生另还发给统一的白色衬衣裤，冬季用法兰绒，夏季用薄白布。穿着军服时，统一配黑色低腰皮靴。

军士长服

民国北京政府海军官制中，军士长属于高级士官，等级相当于少尉，副军士长则等同于准尉，属于士兵队伍中的骨干"兵王"，其军服不同于一般的士兵服，与尉官服基本相同。军士长制服包括大礼服、

▲ 1920年烟台海军学校师生在修业典礼上合影，按照军服规范，校长、教官等均穿着海军礼服。因为天气寒冷，后排的学生身着的是1913式海军官佐长外套

礼服、常服、夏服以及外套、雨衣等，样式大致和尉官的相应服装相同，主要的区分在于肩章等细节之处。军士长大礼服帽右侧的嘉禾章外缘没有金线装饰，大礼服肩章上也没有任何徽记。军士长普通肩章和尉官相同，但是表面没有徽记。轮机、军乐、修械、看护、簿记等军士长，则和军佐一样，在肩章等处缀有不同颜色的区分标记。

此外，军士长所配的军刀及刀带和官佐所用不同。军士长的军刀刀柄上没有宝鼎装饰，为平头，刀柄握手处裹装黑色珍珠鱼皮。军刀刀带的带扣上只有宝鼎和海军锚图案，没有嘉禾装饰。

士兵服

1913年海军军服制度中的士兵服包括冬服、夏服、外套、雨衣、衬衣裤、作业服等种类，与清末1909式军服制度的对应部分大体相仿。根据样式的不同，又可分为上士军服和普通士兵服。

上士冬服帽为蓝黑色呢制大盖帽，帽形和军官常帽相同，帽章是在椭圆形蓝黑色呢上绣银色海军锚，帽章边沿镶红色。（轮机、修械、看护、簿记、船匠等上士的帽章中央是金色海军锚图案）。冬服的上衣为立领蓝黑色，襟前钉1列5颗黑色纽扣，纽扣上有海军锚图案，冬服裤则和官佐常服裤相同。

北京政府海军上官大礼服肩章

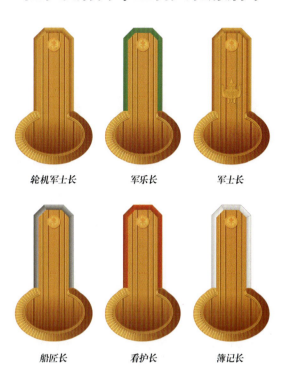

轮机军士长　　　　军乐长　　　　军士长

船匠长　　　　看护长　　　　簿记长

▲ 东北海军士兵训练班合影，照片中可以看到前排有多人穿的是上士冬服

北京政府海军士官肩章

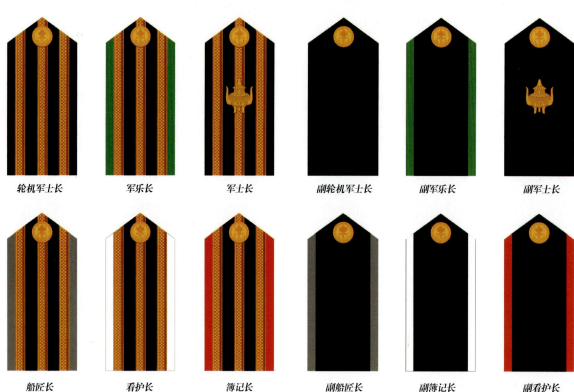

| 轮机军士长 | 军乐长 | 军士长 | 副轮机军士长 | 副军乐长 | 副军士长 |

| 船匠长 | 看护长 | 簿记长 | 副船匠长 | 副簿记长 | 副看护长 |

海军见习生

上士夏服和冬服样式相同，衣料改为漂白斜纹布，夏服军帽则是在冬服军帽帽顶套上白色帽罩。上士所用外套、雨衣和官佐的相仿。所用的衬衣裤为西式，上衣为方领套头衫。

普通士兵服的冬服帽用蓝黑色粗呢制作，为无檐圆形平顶帽，即现代人熟悉的水兵帽样式。帽墙上束一圈黑丝带，丝带前面有"中华民国XX军舰"字样，文字外围有金色线框，文字左右各绣一柄金色海军锚，丝带在帽后缝合，不留出多余。冬服上衣为V字领套头衫，蓝黑色粗呢制，衣服上连有同色内披肩，此外另配蓝布方形外披肩（披肩边缘镶2道白线），穿着时将蓝布外披肩系于上衣内披肩之上，另在披肩下系青色羽绸领巾。冬服裤和1909式清政府海军水兵裤相同。

普通士兵服夏服式样和冬服基本相同，只是衣料改为漂白斜纹布，披肩、上衣袖口作浅蓝色。普通士兵的夏服帽用宽檐圆顶草帽，帽檐以黑布镶边，帽墙钉黑色飘带。普通士兵的外套、雨衣和上士一样，没有区别。普通士兵的作业服为蓝色粗布制，样式大体

◀ 北京政府海军士官常帽帽章图样

和冬服相同，但不配外披肩。

作为士兵军服上的职衔、技能标记，上士以及普通士兵都配用臂章，臂章为方形蓝黑呢，在上绣制标识，佩戴于左臂。平时所用的臂章上用红色羽毛制作图案，在需要穿着礼服的场合，换用黄绫制作图案的特殊臂章。上士、普通士兵因为没有专用的礼服，以冬服、夏服作为代礼服。

北京政府海军士官袖章

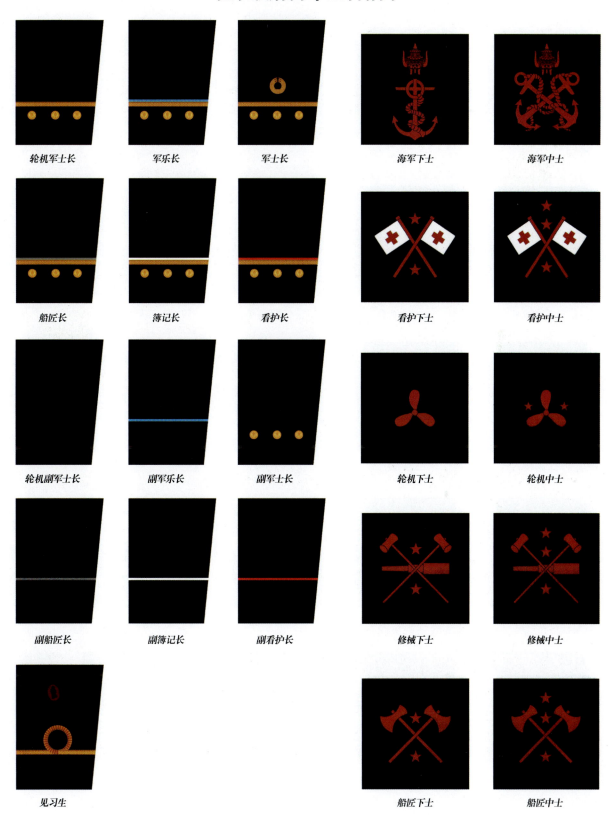

轮机军士长　军乐长　军士长　海军下士　海军中士

船匠长　簿记长　看护长　看护下士　看护中士

轮机副军士长　副军乐长　副军士长　轮机下士　轮机中士

副船匠长　副簿记长　副看护长　修械下士　修械中士

见习生　船匠下士　船匠中士

北京政府海军士兵袖章

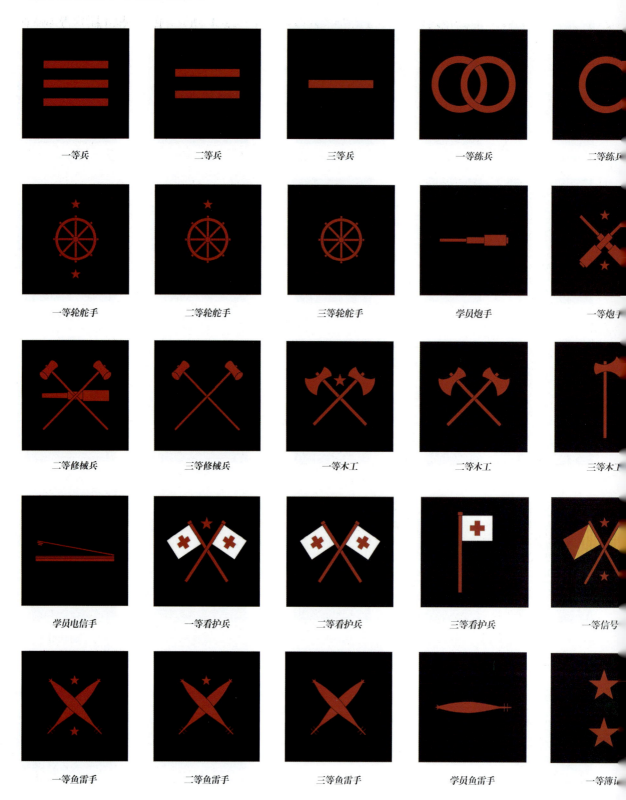

一等兵　　　　二等兵　　　　三等兵　　　　一等练兵　　　二等练兵

一等轮舵手　　二等轮舵手　　三等轮舵手　　学员炮手　　　一等炮手

二等修械兵　　三等修械兵　　一等木工　　　二等木工　　　三等木工

学员电信手　　一等看护兵　　二等看护兵　　三等看护兵　　一等信号

一等鱼雷手　　二等鱼雷手　　三等鱼雷手　　学员鱼雷手　　一等簿记

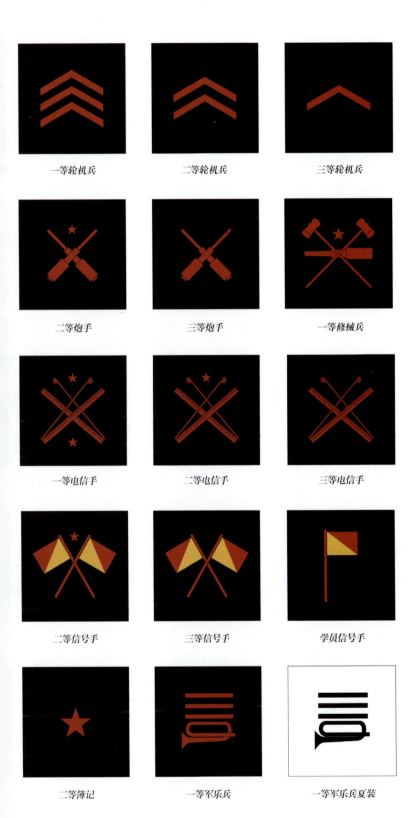

一等轮机兵　　二等轮机兵　　三等轮机兵

二等炮手　　三等炮手　　一等修械兵

一等电信手　　二等电信手　　三等电信手

二等信号手　　三等信号手　　学员信号手

二等簿记　　一等军乐兵　　一等军乐兵夏装

和一般海军士兵不同的是，军乐队士兵因为多要在礼仪场合出现，其军服采用特别的设计，分为礼服、常服、夏服、外套、雨衣、衬衣裤、作业服等种类。军乐队士兵礼服帽造型和军官常帽相同，但是在帽前插有红缨一枝，帽章也采用特殊的设计，为蓝黑呢底，绣金色交叉双号。礼服上衣为呢制红色立领，襟前一列7颗金色纽扣，配用三条黄绫绳编成的肩章。另外军乐军士配袖章，袖章为银色，军乐上士、中士、下士分别为三条、二条、一条银色细线。军乐兵无袖章，配专门的臂章，蓝黑底、红色花，佩于右臂。礼服裤为呢制浅蓝色西裤，军士在裤边各缝红线两条，军乐兵的礼服裤两侧只各缝一条红线。

军乐队士兵的常服帽和礼服帽相同，只是不插红缨，常服上衣、裤样式和礼服略同，颜色改为蓝黑色，不戴肩章。夏服样式和常服相同，衣料改用白色斜纹布，士官袖章改做黑色，军乐兵臂章改为白底、蓝花，军帽上罩白布帽罩。其余外套、雨衣、作业服等均和普通的士兵一样。

北京政府海军军服的沿用及变化

1913年开始，北京政府新式海军军服制度正式在中国海军全面使用，由于服装总体样式和清政府1909式海军服几乎没有变化，加之海军官兵人数规模没有大的扩充和流动，几乎都经历过清王朝时期，大多配发过清王朝海军军服，使得民国北京政府在一段较长的时间里并不用为海军官兵全面制发新的军服，全军事实上从上至下还广泛沿用着原清政府制发的1909式军服，只是换上了新制发的1913式帽章、肩章、袖章、臂章等记号。此举节省了大笔的开支，这对民国初年财政捉襟见肘的北京政府而言，具有十分重要的意义。

从1912年建都北京，到1928年东北易帜，中华民国北京政府共只存在了短短17年时间，期间中国国内政局纷乱，南北军阀为争权夺利，进行了连年的内战。处在这种乱局中的中国海军无法独善其身，上演了分分合合、互相攻剿的剧情，是中国近代海军发展史中最为混乱的一段岁月。由1913年颁定的中国海军军服制度在这十几年间，也经历了诸多的改动、变迁。

中国海军自清代北洋水师开始，在军中设立陆战队，称为洋枪队，北洋水师、北洋海军军服制度中均有专门的陆战队制服设计，由于陆战队士兵分散从属于各舰船，并没有独立的正式编制，也没有集中统一的架构，规模较小，在海军中并不被视为是一支独立的特别部队。自甲午战争结束后，陆战队与登陆水兵更是混为一谈，海军军服中也不再有专门的陆战队军服。直到清末1910年，海军部在山东烟台编练海军警卫队，首次开始试图建设一支独立的海军陆战队，由于辛亥革命爆发，海军警卫队未能如计划完全编成，大部被改组为民国北京政府海军部卫队。

1914年10月，经海军部总长刘冠雄呈请，将海军部卫队改编为海军陆战队第一营，下辖4个连，成为中国海军历史上第一支专门编定、主要驻防于陆上的海军陆战队。由于此前制定的1913式海军军服制度中没有海军陆战队的服装设计，在成立海军陆战队后，遂对陆战队服装进行了规范。海军陆战队官兵制服总体上与民国陆军制服相同，但是采用特别的徽章标记。军官大盖帽配海军军官常帽帽章，

上衣无论冬夏，均佩戴海军军官夏服肩章，另在领口缀以金色海军锚标记。陆战队士兵也戴陆军式大盖帽，采用海军锚帽章，军服上衣领口也缀海军锚标记，佩海军式臂章。

新制定的陆战队军服为1913式军服制度补充进了十分新鲜的内容，但是由于当时陆战队的规模较小，其军服设计并没有被正式增补进《海军服制图说》。北京政府时代，海军陆战队自成立后逐渐扩编至两个营，分驻北京、上海、福州马尾等处，负责海军机关、军港的警卫工作。北京政府后期，由于各地军阀交争，海军饷费得不到保障，海军一度将陆战队扩编至旅级规模，直接在福建和军阀武装作战，争夺地盘，由海军陆战队在控制区设卡收税供养海军，成为民国时代的奇闻。

除出现了陆战队军服外，民国1913式海军军服的另一重要变化发生于1918年。当年海军部呈请大总

▲ 20世纪20年代初孙中山视察黄埔海军学校时的留影，照片中的海军军人帽章上已经全部换用青天白日徽，所佩戴的夏服肩章也都是金线圆圈式

◀ 广东军政府海军部成立大会合影，照片中就座的海军官员几乎全是护法舰队人员，此时穿着的仍然是北京政府1913式海军军服

统，主要就海军军服的穿着规则等进行调整，并不涉及军服样式本身。当此调整的最大变化，是将官佐夏服归列到常服系统中，不再作为和常服并列的单独种类，由此1913服装制度中的常服就包括了黑色常服、白色常服两种。

与新增陆战队制服、修订原军服制度等情况迥异的是，在北京政府时代还出现了一套和1913式军服分庭抗礼的海军军服。

1917年，孙中山在广州发动护法运动，与中华民国北京政府争夺法统。在孙中山的运动、拉拢下，北京政府原海军总长程璧光自上海率"海圻"等军舰南下支持护法，史称护法舰队，首开民国海军分裂的恶局，从此中国一国之内同时存在两支相互敌对的海军力量。南下初期，护法舰队官兵仍穿着和北京政府海军相同的军服。此后舰队被广东当局几度改组，至20年代初孙中山在广东任陆海军大元帅后，为和北京政府海军相区别，广东地区包括原护法舰队在内的海军力量更改了军服。其最主要的做法是变换徽记，军官服帽章、肩章等处装饰的宝鼎徽记改为国民党的青天白日党徽图案，士兵服则直接在胸口别上青天白日徽章。另外不知道出于何种原因，海军校、尉级官佐的

夏常服肩章设计发生了彻底变化，改换成了和清末海军1909式夏服肩章相似的英式，即肩章表面的图案是和军官服袖章图案匹配的金线圆环式。几乎就在广东海军将青天白日徽引入军服制度中的时候，广东海军所辖的军舰舰首舷侧，也都涂上了这一徽记，表示自己革命海军的身份。

1926年，国民革命军从广州誓师北伐，一路势如破竹，青天白日徽指引的广东海军也随同征讨。时至1927年，经过秘密接触和谈判，北京政府中央海军的主力舰队归顺北伐军，摇身一变为国民革命军海军，开始悄悄将军服上的宝鼎徽记换成青天白日。主政北京政府的奉系军阀麾下的嫡系海军——东北海军则继续坚持自己北京政府海军的身份，仍然采用着1913式海军军服，并曾派出水上飞机母舰等军舰秘密南下，向投靠北伐军的中央海军进行报复性攻击。一年之后的1928年，北方局势巨变，占据北京政府的奉系军阀被北伐军击败退回关外，奉系首领陆海军大元帅张作霖遇刺，少帅张学良于年末宣布东三省易帜，服从国民政府，中华民国北京政府的历史彻底终结，东北海军也于此时悄然改换徽志，民国1913年海军军服至此退出了历史舞台。

▲ 东北海军总司令张学良、副总司令沈鸿烈（第二排左起第一、二人）与葫芦岛航警学校师生的合影，照片中张、沈二人身着的是1913式海军礼服，已经通过毕业考试的学生穿着海军黑常服，但是袖口的袖章不甚规范，没有如制度要求盘结出金线圆环

鹰扬宇内

普鲁士黑鹰勋章

Hoher Orden vom Schwarzen Adler

作者：王海舟*

*王海舟，海洋研究从业者，现居浙江舟山，对欧洲、中国近代勋章史有浓厚兴趣。

普鲁士，这个曾经威震世界的国家，在其久远的历史中诞生了许多今人耳熟能详的勋章，例如之前曾经为大家介绍过的"功勋勋章"（参见《号角：世界经典制服徽章艺术Ⅵ》）。但其中地位最为尊崇、代表着普鲁士最高荣誉的便是黑鹰勋章（Hoher Orden vom Schwarzen Adler），它在普鲁士王国的勋赏序列中位居最高。

黑鹰——普鲁士的象征

在早期欧洲的历史上，各国通常会选用一种动物的形象来作为本国的象征，其中最为人所熟知的是

伴随罗马军队征服了亚非欧广阔土地，将地中海作为内海的罗马鹰徽。在公元前102年，元老院颁布法律宣布鹰徽成为罗马共和国的正式标志，即代表了"元老院与罗马人民"（拉丁语为Senatus Populusque Romanus，缩写为SPQR），SPQR是罗马共和国以及后来的罗马帝国的正式名称，这只鹰也被称为"SPQR之鹰"，罗马人希望这只朱庇特的雄鹰能指引他们在战场上取得一个又一个的胜利。而罗马军团军旗（Aquila）就被固定为鹰旗，到公元前476年西罗马帝国在内忧外患之下终于灭亡之后，鹰这一图案短暂地在欧洲历史上消失了。

但在公元800年，法兰克国王查理曼被教皇加冕

▲ 罗马帝国鹰徽

▶ 罗马军团的军旗

◀ 罗马军团军旗使用的铜制雄鹰

23

为罗马人的皇帝。此时的查理曼为彰显其继承西罗马帝国皇位的正统性，将罗马鹰徽重新搬上了历史舞台，而他所采用的鹰徽便是黑鹰。然而查理曼帝国也不过是昙花一现，公元840年查理曼大帝之子路易一世去世后，其帝国便为其三个儿子所瓜分，而帝国鹰徽则为东西法兰克王国的加洛林君主们轮流使用，此后在东法兰克王国内部形成了以四大日耳曼部落为母体的四大公国，即萨克森、法兰克尼亚、士瓦本和巴伐利亚，当加洛林王朝的最后一位国王孩童路易在公元911年去世后，东法兰克的贵族们没有选择加洛林家族的成员继承其王位，而是选举法兰克尼亚公爵康拉德为国王，而在康拉德死后，萨克森公爵亨利被推选为国王，开始了萨克森王朝对王国的长达一个世纪的掌控。

公元936年，亨利之子奥托一世在亚琛被推选为国王，奥托即位后通过对外战争、政治联姻、平定内乱等一系列举措，最终于公元962年2月被罗马教皇加冕为西罗马皇帝，奥托一世成为神圣罗马帝国的第一任皇帝。到了12世纪的腓特烈一世时期，帝国已然成为欧洲最强的国家，腓特烈一世公然为帝国冠以"神圣"二字，帝国正式更名为神圣罗马帝国。为了彰显帝国是古罗马帝国的正统继承者，帝国国徽继续沿用罗马鹰，设计为头戴皇冠的双头黑鹰。

而在此时的波罗的海东南岸的普鲁士地区，生活着信奉北欧传统多神教，讲着普鲁士语的古普鲁士人，随着波兰王国和神圣罗马帝国向普鲁士地区的不断扩张，教皇英诺森三世派熙笃会修士奥利瓦的克里斯蒂安向信奉异教的普鲁士人传教，在此后的十数年内，双方爆发了激烈冲突。

公元1226年，由于古普鲁士人袭击了马佐舍夫公爵康拉德的领地，并屡屡焚烧教堂与修道院，神圣罗马帝国的霍亨施陶芬皇帝（腓特烈皇帝）赐予条顿骑士团大团长舒尔茨的赫尔曼"单头帝国鹰的使用权，并可将其装饰在盾上，同时赐予其对异教徒土地普鲁士的征战权、马佐舍夫公爵康拉德赐予的库尔莫兰和占领的一切普鲁士土地的使用权"。单头黑鹰这一象征从此被赋予了条顿骑士团。而条顿骑士团也不负众望，在普鲁士地区发动了为时近200年的东征，先后建立托伦、马林堡、库尔姆、埃尔平等要塞，征服了整个普鲁士，并迫使其皈依基督教，使用德语。此后数百年中，古普鲁士人被德意志人彻底同化。

公元1525年，条顿骑士团大团长阿尔布雷希特宣布条顿骑士团国世俗化，改宗新教，建立起了普鲁士公国。到公元1618年，来自霍亨索伦家族的勃兰登堡选帝侯约翰·西吉斯蒙德继承了公国王位，建立起了勃兰登堡—普鲁士公国，新生的公国也继承了历代传承下来的黑鹰标志。

1688年公国的新国君腓特烈三世即位，他即位后即致力于将公国升格为王国，但根据神圣罗马帝国的法律，神圣罗马帝国内除了一般由皇帝兼任的德意志国王和波西米亚国王以外不能有别的国王。

腓特烈三世为了实现封王的愿望，建立起一支精锐的军队，并对宫廷政治进行了改革，此时著名的"太阳王"法王路易十四在欧洲掀起了一系列对外战争，腓特烈顺势加入以英国、西班牙、瑞典诸国所组成的同盟中共同对抗法国。到公元1701年，神圣罗马帝国皇帝利奥波德一世在西班牙王位继承战争中陷入孤立，腓特烈第一个与皇帝结盟并派出了援军。而作为回报，利奥波德一世在一份密约中同意授予其国王称号，但腓特烈三世只能被称为"普鲁士里的国王"（König in Preußen）

▲ 神圣罗马帝国的双头鹰徽

▶ 条顿骑士团标志上的单头黑鹰

▲ 普鲁士王国第一任国王腓特烈一世画像，请注意此画忠实地反映了国王佩戴有黑鹰勋章链章

勋章设立

　　黑鹰勋章由勃兰登堡的弗里德里希三世（即日后的普鲁士国王弗里德里希一世）设立，在正式加冕为普鲁士国王的前一天，即1701年1月17日，他设立了这第一枚属于普鲁士王国的勋章——黑鹰勋章。

　　根据1701年1月18日制订并于1847年修改的法令，拥有获得黑鹰勋章资格的人仅限于少数骑士，同时这些人分成两个阶层：统治阶层成员（细分为霍亨索伦王室和其他王室，包括外国王室）和普通骑士团成员。在1847年修改法令之前，只有贵族才能获得黑鹰勋章，并且在世的黑鹰勋章获得者总人数被限制在30人。但在修改法令之后，可获得黑鹰勋章资格的人扩大到没有贵族头衔的普通骑士团成员，而这些人都是高级政府官员和高级将领。

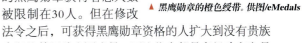

▲ 黑鹰勋章的橙色绶带。供图/eMedals

　　而不是"普鲁士之国王"也不是"勃兰登堡国王"，其一是因为前文提到的神圣罗马帝国境内不能存在其他国王，而勃兰登堡属于神圣罗马帝国；其二普鲁士仍有一部分（即西普鲁士）是波兰领土，这个遗憾直到腓特烈三世的孙子腓特烈大帝才得以解决。

　　1701年1月18日，腓特烈三世在柯尼斯堡正式加冕为普鲁士国王，称腓特烈一世，普鲁士公国就此升格为普鲁士王国，黑鹰正式成为普鲁士王国的象征，在此后的两百余年中鹰扬欧陆。

　　黑鹰勋章只有一个级别，但是在授予君主时可以决定是否同时授予一条黑鹰链章。根据法令规定，黑鹰勋章的获得者同时将被授予大十字级红鹰勋章（《号角》文集将在今后对该勋章进行详细介绍）。随着1861年新设立了普鲁士王冠勋章，从1862年起，普鲁士王室成员在被授予黑鹰勋章时，同时会获得普鲁士一级王冠勋章。

▲▼ 1701年的黑鹰勋章绶章实物。供图/DHM

◄ 1701年绘制的黑鹰勋章绶章图样

细品

黑鹰勋章的绶章外观上为一枚金质表面覆盖着一层淡雅蓝色珐琅的马耳他十字，在马耳他十字臂的四隅位置上雄立有四只黑鹰，与早期设立的慷慨勋章（即蓝马克斯勋章的前身）不同的是，此时被升格为王国的普鲁士黑鹰已经可以名正言顺地头戴王冠，更显威严。在勋章中心则有一个刻有弗里德里希一世的王室花体字FR，即Fredericus Rex的圆盘。

绶章悬挂在绶带或级别更高的项链上，绶带为从左肩右斜的橙色丝质绶带，之所以选用橙色是为了纪念弗里德里希一世的母亲拿骚的露易丝·亨利特公主（橙色为奥兰治-拿骚家族的族色，而荷兰王室本身设立的奥兰治-拿骚勋章绶带也以橙色作为主色，但并非全橙色），足见弗里德里希一世对其母亲的深切思念。

而当绶章采用链绶形式时，则戴在颈部周围，搁于肩膀之上。项链由12个部分组成，每个组成部分包括一只脚踏闪电权杖的硕大无冠黑鹰和一个圆环。圆环中心施以白色珐琅，并用金箔书写着黑鹰骑士团团训——SUUM CUIQUE，外层的圆环与中心圆盘间的四正位上为两个反向"F"字母，而夹在每一对反向"F"字母之间的则是字母"R"，由此共同组成施以绿色珐琅的腓特烈一世花体字"FR"，在施以蓝色珐琅的外层圆环的四正位上则分别镶嵌有四枚小王冠。

黑鹰勋章的星章是一枚银质八角星形状的勋章，根据不同珠宝商的设计制造，其光芒射线有所不同。勋章中心为金质，正中央为一只坐落在橙色珐琅之上的黑鹰。这只头戴王冠、顾盼自雄的黑鹰左爪持有权杖，右爪则抓着桂冠花环，象征着普鲁士的王权与霍亨索伦家族从山崖到大海（VOM FELS ZUM MEER）的伟岸气势。在这只黑鹰的周围则是一圈白色珐琅，上面铸造着一圈金质拉丁文黑鹰团训，下方珐琅上则是桂冠花环。

SUUM CUIQUE这句拉丁语的来源极为古老，其意为各得其所。这句话起源于古希腊关于法治公正的概念，柏拉图在《理想国》中记述为苏格拉底所阐述，拉丁文的SUUM CUIQUE则直接源于古罗马时期的著名法学家西塞罗。

在黑鹰勋章骑士团的集会和其他正式场合下，黑鹰勋章获得者会披挂一条蓝色衬里、金色镶边的红色天鹅绒斗篷，星芒章通常佩戴在靠近左胸的位置。

需要注意的是，早期黑鹰勋章获得者在去世后被

▲ 腓特烈一世的母亲拿骚公主露易丝·亨利特的画像，有意思的是画像上她正好身着橙色衣服

▲ 威廉二世的第二任皇后罗伊斯的赫尔米内公主

允许着黑鹰勋章勋服下葬，以表彰其身前为普鲁士王国做出的贡献，这一哀荣直到腓特烈·威廉一世即位后，于1724年才被予以废除。

从1701年第一次颁发到1918年为止，黑鹰勋章一共授予了1345枚，其中的1129枚在1701至1900年之间颁发，1900至1908年则颁发了85枚。在整个一战期间，黑鹰勋章颁发了118枚：其中德国皇室获得了14枚，1枚颁发给了霍亨索伦王室的普通贵族，另有49枚颁发给了当时的其他皇室家族（其中有9个颁发给了当时正与德国交战的国家），还有54枚（包括17名尚未正式授予）授予非贵族出身的德意志人。黑鹰勋章一直到1918年威廉二世皇帝退位、第二帝国瓦解后才与其他第二帝国勋章一道被废除。不过移居到荷兰的皇帝，仍然继续授予黑鹰勋章给他的第二任妻子罗伊斯的赫尔米内公主（Hermine Prinzessin Reuß）。此后直到1934年，威廉二世又陆陆续续颁发了13枚黑鹰勋章。

链绶黑鹰勋章则一共被授予了339次，之所以用次而不是枚来计数，是因为相当多的链绶级别黑鹰勋章获得者在其去世后，勋章被归还给普鲁士国王，并颁发给下一位获得者。

由于此勋章强烈的王室属性，按照法令，普鲁士王室男性成员在其十岁生日时被授予大绶黑鹰勋章，当其十八岁生日时将得到链授黑鹰勋章。此勋章也被授予普鲁士王后（后来的德意志帝国皇后），但与王室男性成员自动获得黑鹰勋章不同的是，王室的其他女性成员只能获得露易丝勋章（Orden vom Louis）。

黑鹰勋章不仅仅承担了一般勋章的勋赏功能，同时其作为普鲁士的最高荣誉，也被广泛应用于军队中。在1901年9月8日，柯尼斯堡卫队被授予了黑鹰勋章，随后卫队将黑鹰勋章的图样

画入卫队军旗中，用以彰显本部队的至高荣耀。在人们所熟知的普鲁士头盔中，许多将领与军官的头盔正中央也纷纷采用了黑鹰勋章的图案。

▲ 带有黑鹰勋章徽章的普鲁士第2近卫枪骑兵团方顶盔。供图/Hermann Historica

◀ 带有黑鹰勋章图案的一顶普鲁士掷弹兵帽。供图/Hermann Historica

▼ 带有黑鹰勋章徽章的普鲁士第5近卫步兵团尖顶盔。供图/Hermann Historica

▼ 带有黑鹰勋章图样的一把普鲁士高级军官佩剑

▲ 预备役近卫军军官盔徽

▲ 近卫军军官盔徽

► 1880年左右的宪兵帽徽

▼ 带有黑鹰勋章徽章的普鲁士近卫龙骑兵团军官毛皮帽。
供图/Weitze

▼ 带有黑鹰勋章徽章的普鲁士近卫骑兵团军官子弹皮袋。供图/*Hermann Historica*

▲ 带有黑鹰勋章图案的普鲁士第3近卫枪骑兵团纪念银盘。供图/*Hermann Historica*

▲ 带有黑鹰勋章图案的普鲁士第19近卫军马鞍袋。供图/*Hermann Historica*

▲ 带有黑鹰勋章图案的普鲁士近卫部队士兵背心。供图/*Hermann Historica*

黑鹰初生

　　前文提到最后一任勃兰登堡-普鲁士公国国君、第一位普鲁士国王腓特烈一世是黑鹰勋章的设立者，同时他也就成了第一位黑鹰勋章获得者。在同一日的登基大典上，腓特烈一世将第二枚黑鹰勋章颁发给了他年仅13岁的王储，日后绰号"士兵王"的腓特烈·威廉一世。腓特烈一世随后又颁发了17枚黑鹰勋章，以腓特烈一世为首的这19位获得者即构成了最早的黑鹰骑士团，此后历代普鲁士国王均自动成为黑鹰骑士团团长。最早的这一批黑鹰勋章由柏林的选帝侯王家珠宝商约布斯特·里布曼生产。马耳他十字臂四隅间的黑鹰只有十字臂的一半高度。同时，受限于当时的工艺水平，这四只黑鹰不同于施以浅蓝色珐琅的马耳他十字，而是仅仅用黑漆漆就。在即位为普鲁士国王后，腓特烈一世也将黑鹰勋章的形象画入他的国王纹章中去，此后历任普鲁士国王均采用了这一设计

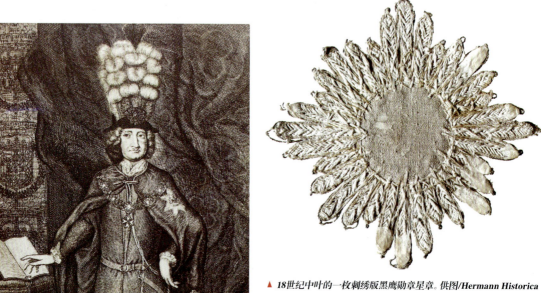

▲ *18世纪中叶的一枚刺绣版黑鹰勋章星章。供图/**Hermann Historica***

▲ **身着黑鹰勋章勋服的腓特烈一世**

的纹章。

　　腓特烈一世的链绥黑鹰勋章直到1741年一直都被保存在王室宝库里。而根据一个无法考证的说法，腓特烈二世似乎误将这套链绥黑鹰勋章和其他的一些金器给了一个金铺回炉重造了。可以确信的是，在1732年腓特烈·威廉一世命海德中尉将腓特烈一世和腓特烈·威廉一世本人在王储时获得的两套链绥黑鹰勋章都交去给柏林造币厂熔化了，普鲁士王国早期的财政紧张由此可见一斑。腓特烈一世此后一共颁发了57枚黑鹰勋章。

展翅欧陆

而真正让黑鹰勋章成为欧洲主流的顶级勋章的人，是腓特烈·威廉一世的儿子——腓特烈二世。这位被尊称为"腓特烈大帝"的国君是欧洲"开明专制"君主的代表人物，启蒙运动的重要人物，但在他年轻的时候却屡屡与其父王发生冲突。腓特烈·威廉一世对腓特烈二世极为苛刻，禁止他接触法国文学、拉丁文和音乐，反对他与英国王室联姻，还经常进行体罚，这一切使得父子间的矛盾达到顶点。1730年刚满十八岁的腓特烈二世甚至尝试和朋友汉斯·赫尔曼·冯·卡特逃往英国，但未能成功，事后卡特被处决，腓特烈二世侥幸逃过一死，此后腓特烈二世被迫接受了其父亲对他的一切安排，在十年后登基为王。恰在同年，奥地利王位继承战争爆发，腓特烈二世领军为普鲁士赢得了西里西亚地区，又通过惨烈而又辉煌的七年战争，使普鲁士成为欧洲五巨头之一，一跃成为欧洲列强。1772年他又主导了瓜分波兰—普鲁士，靠武力兼并了波兰—普鲁士，即西普鲁士。从此他自称为"腓特烈大帝"、"普鲁士之国王"（König von Preußen）。而不是像其祖父与父亲，只能称自己为"普鲁士里的国王"（König in Preußen）。为了表彰在历次战争中为普鲁士的崛起做出卓越贡献的大批贵族、重臣、将领，腓特烈大帝在位期间一共颁发了175枚黑鹰勋章，这一数量甚至超过了他的祖父与父亲两代国王颁发的黑鹰勋章数量之和。

而随着普鲁士占领富饶的西里西亚，腓特烈大帝有感于需要一款更加华丽的勋章来代表普鲁士的最高荣誉，于是在1742年设计了钻石版的黑鹰勋章，用以颁发给本国国君，并作为最高级的外交礼仪颁发给部分外国皇室成员。钻石版黑鹰勋章的章体与普通版本黑鹰勋章完全一致，不同之处在于在挂章的金质马耳他十字中心的FR圆盘周围镶嵌了一圈共22颗钻石，在马耳他十字上方用以悬挂挂环的环形区域边缘镶嵌了4颗钻石，而在挂环上则镶嵌有7颗钻石，经过镶钻的黑鹰勋章绶章的尺寸也达到了8.2厘米，这也是大绶黑鹰中尺寸最大的绶章。

这一新设计使黑鹰勋章的外观更加熠熠生辉、光辉夺目，同时也使其造价飙升，钻石版黑鹰勋章的造价高达惊人的8000塔勒，在当时等于130余个普鲁士中等收入家庭的年收入总和。

► 1777年左右的一枚黑鹰勋章绶章，工艺较为粗糙。供图/DHM

▲ 佩戴黑鹰勋章的腓特烈大帝画像

▲ 刺绣版黑鹰勋章星章，有意思的是，这枚是由慕尼黑的一家珠宝商生产的。供图/Hermann Historica

　　此后钻石版黑鹰勋章一共颁发了92枚，由于俄国皇室多为德意志血统，至1900年颁发的71枚钻石版黑鹰勋章中，共有21枚颁发给了俄国皇室，这一比例极为惊人。其中在1742年11月颁发的第一枚钻石版黑鹰勋章即被颁发给了出生俄国皇室的沙俄中将侍从长、沙皇侍从武官米哈伊尔·拉里昂诺维奇·格拉夫·渥伦佐。另有4枚被颁发给了奥地利皇室。在腓特烈大帝时期，钻石版黑鹰勋章一共颁发了3枚。

▲ 佩戴着钻石版黑鹰勋章的提尔皮茨元帅

▲ 18世纪中叶的一枚钻石版黑鹰勋章星章。供图/DHM

◄ ▲ 18世纪中叶的一枚钻石版黑鹰勋章绶章。供图/DHM

1786年腓特烈·威廉二世国王为腓特烈大帝的葬礼在珠宝商路易·鲍德森那里定制了一枚银镀金的黑鹰勋章链章。这是1713年后第一枚官方制作的黑鹰勋章链章，于1786年9月8日在波茨坦的驻军教堂中颁发。

▲ 极度奢华的黑鹰勋章链章以及大型展示盒。供图/DHM

腓特烈大帝葬礼的三年后，轰轰烈烈的法国大革命爆发了，在大革命中，一位视腓特烈大帝为偶像的法国年轻人走上了历史舞台，这就是拿破仑。

1793年，拿破仑率军击败保王党军队和英军，取得土伦战役的胜利，开始在军政界崭露头角。而此时的普鲁士国王腓特烈·威廉二世却远不如他的伯父腓特烈大帝，腓特烈·威廉二世对外一面与神圣罗马帝国皇帝利奥波德二世缔结第一次反法同盟，一面背叛与波兰的盟约，瓜分波兰扩张领土，此后又与法国缔结和约。这一系列举动使普鲁士的国土面积在短时间内由30万平方公里扩张到87万平方公里。随着领土的快速扩张，1792年腓特烈·威廉二世设立了一种新的勋章——红鹰勋章，并修改了黑鹰勋章授予的规定。新设立的红鹰勋章作为普鲁士勋赏体系中第二高的勋章，黑鹰勋章获得者将自动获得大十字级红鹰勋章，而此后红鹰勋章的授予则成为黑鹰勋章授予的先决条件，即必须先被授予地位相对较低的红鹰勋章，才有资格获得至高无上的黑鹰勋章。

尽管普鲁士在地图上扩张了数倍，但在腓特烈·威廉二世治下的普鲁士，政府无能，财政混乱，军队老化，且由于与法国缔结和约，被欧洲君主国视为叛徒。

1797年腓特烈·威廉三世就这样在他父亲给他留下的烂摊子中即位。此后在拿破仑远征埃及引发的反法战争中，腓特烈·威廉三世使普鲁士严守中立，未参加第二次反法同盟，尽管这使普鲁士在欧洲各国中更遭孤立，但这一举动使普鲁士得到了希尔德斯海姆和帕德伯恩教区、明斯特教区的一部分、库尔美因茨的艾希斯菲尔德、爱尔福特等地。有感于此，腓特烈·威廉三世在1803年向时任法兰西终身执政的拿破仑颁发了黑鹰勋章。

▲ ► 18世纪下半叶的一枚黑鹰勋章绶章。供图/DHM

▲ 佩藏黑鹰勋章的腓特烈·威廉二世画像

▲ 佩戴黑鹰勋章的腓特烈·威廉三世画像

▲ 佩戴黑鹰勋章的不伦瑞克-沃尔芬比特尔公爵卡尔·威廉·斐迪南

此后两国关系越发紧密。1805年8月24日，腓特烈·威廉三世与已经成为法国皇帝的拿破仑签订条约，法国将汉诺威让给普鲁士，普鲁士保持在未来战争中的中立态度。有鉴于此时的普鲁士再度得以扩张，腓特烈·威廉三世对黑鹰做出了修改，修改后的黑鹰勋章绶章十字臂四隅的四只黑鹰高度几乎放大了一倍，相比较之前的黑鹰勋章绶章，整体外观更加威严大气。

俄罗斯曾诱劝普鲁士加入反法同盟，但腓特烈·威廉三世由于对拿破仑的恐惧和汉诺威的诱惑没有出兵。奥斯特里茨战役后，神圣罗马帝国瓦解，拿破仑建立了依附于法国的莱茵联邦，这威胁到了普鲁士的利益，引起了普鲁士的不安。

由于拿破仑在与英国和谈中表示出将汉诺威归还英国的想法，普鲁士宫廷感觉受到了欺骗，反法情绪高涨。1806年7月25日，普鲁士与俄罗斯签订条约，第四次反法同盟形成。在1806年10月的耶拿-奥厄施塔特战役中，普鲁士军队由于武器落后、战术保守、动作迟缓，几乎全军覆没，连普军总司令、黑鹰勋章获得者不伦瑞克-沃尔芬比特尔公爵卡尔·威廉·斐迪南也光荣牺牲。10月27日，拿破仑率军进入柏林，普鲁士王室逃亡东普鲁士。

▲ 一枚做工精妙绝伦的刺绣版黑鹰勋章星章特写。供图/Andreas Thies

此后，普鲁士与法国签订了丧权辱国的《提尔希特和约》，普鲁士被迫割让大片领土，赔偿巨款。

▲ 一枚拿破仑战争时期的黑鹰勋章。供图/eMedals

1812年，普鲁士出兵2万由路德维希·约克率领，助法国入侵俄罗斯。同年年底，法军在俄罗斯遭遇惨败，普俄签署停战协议，次年3月普鲁士对法开战。俄罗斯、普鲁士、英国、瑞典、西班牙、葡萄牙结成第六次反法同盟。普鲁士名将布吕歇尔在其参谋长格奈森瑙的辅佐下取得了一系列胜利，并最终在决定性的莱比锡会战中击败法军，普军兵锋直指巴黎。1814年3月30日在业已被腓特烈·威廉三世封为瓦滕堡伯爵路德维希·约克的指挥下联军占领巴黎，这也是普鲁士军队在近代史上第一次攻入巴黎。就在反法同盟满心欢喜地在维也纳召开会议商讨如何瓜分拿破仑帝国的财产时，1815年拿破仑却突然返回巴黎，宣布复辟拿破仑帝国，各国匆忙结成第五次反法同盟。尽管普鲁士军队在里格尼战役中遭遇失败，布吕歇尔本人也受伤昏迷，但在其参谋长格奈森瑙率领下普军急速向滑铁卢附近撤退，并最终在两天后的1815年6月18日傍晚，布吕歇尔突然率师出现在滑铁卢战场，法军不敌优势联军，全军崩溃，拿破仑的欧洲霸业就此终结。7月8日，在普鲁士和英军的护送下，法国国王路易十八世返回巴黎，再度复辟波旁王朝，为了彰显普法之间的友谊，腓特烈·威廉三世向这位法国国王颁发了黑鹰勋章。

▲ 佩戴黑鹰勋章和其他勋章的奥古斯特·奈哈特·冯·格奈森瑙画像

▲ 佩戴黑鹰勋章和其他勋章的路德维希·约克画像

▲ 佩戴黑鹰勋章和其他勋章的格博哈德·冯·布吕歇尔画像

　　战后的普鲁士，获得包括三分之二的萨克森领土和莱茵河沿岸在内的大片领土，国力大大提升，并重返欧洲列强行列。

　　为了表彰在拿破仑战争期间做出卓越贡献、立有显赫战功的诸多名将，腓特烈·威廉三世时期一共颁发了258枚黑鹰勋章，其中包括17枚钻石版黑鹰勋章。普鲁士名将布吕歇尔元帅、格奈森瑙元帅、约克·冯·瓦滕堡伯爵均被授予了黑鹰勋章。这位瓦滕堡伯爵同时也是第一位橡叶蓝马克斯勋章的获得者。比前人幸运的是，受沙恩霍斯特与格奈森瑙进行的普鲁士军事改革影响，1810年1月18日，腓特烈·威廉三世出台了一份修改现行勋章制度的法令，正式允许蓝马克斯勋章可以与黑鹰勋章同时佩戴。

　　由于拿破仑战争几乎演变为全欧洲的战争，黑鹰勋章也被授予了不少外国名将，如俄罗斯军事学术的奠基人、俄罗斯大元帅亚历山大·瓦西里耶维奇·苏沃洛夫以及日后成为英国首相、享有英法俄普西葡荷七国元帅殊荣的威灵顿。

修订法令

　　尽管黑鹰勋章的颁发数量早在1713年腓特烈·威廉一世上台之初，就已打破了在世的黑鹰勋章获得者只能有30位的法令限制。但在此后的一百多年中，在

等级森严的普鲁士社会中，黑鹰勋章仍仅仅被颁发给贵族，平民身份的重臣将领根本不可能获得这一普鲁士至高荣誉。

▲ 佩戴黑鹰勋章和其他勋章的腓特烈·威廉四世画像

这一情况终于在深受浪漫主义风格影响的普鲁士腓特烈·威廉四世时期得以改变，这位自幼受文官导师影响的国王，尽管也曾亲自投身对抗拿破仑的战争，但他的朋友却多是哲学家、文人和政治家。

1847年，腓特烈·威廉四世正式宣布修订黑鹰勋章法令。修改后的黑鹰勋章法令首先对黑鹰勋章授予的人数做出了更改，即宣布1701年法令中规定的"在世黑鹰勋章获得者总人数只能有30人"这一限制条款，只适用于普鲁士本国国民。从而为此后，黑鹰勋章作为普鲁士最高级别的外交礼物，授予诸多外国君主，大开方便之门。

其次，法令废除了只有贵族才能被授予黑鹰勋章这一不合时宜的条款，此后即便是平民身份也能被授予黑鹰勋章。

同时，法令也废除了军事将领中只有中将以上的高级将领才有资格被授予黑鹰勋章的条款，将有资格被授予黑鹰勋章的范围扩大到少将以上的高级将领。

最后，法令也废除了"对在一切应当佩戴勋章的正式场合不佩戴黑鹰勋章的行为做出罚款"这一莫名其妙的规定。

▲ ▶ **1842年授予萨克森–科堡亲王阿尔伯特的黑鹰勋章星章。供图/Hermann Historica**

▼ 黑鹰勋章链章图样

▲ 一套黑鹰勋章链章的迷你版。供图/Hermann Historica

尽管1847年版修正法令在一定程度上扩大了可被授予黑鹰勋章的人群，但实际上平民阶层想要获得黑鹰勋章，仍然难于上青天。

从修正法令颁布，到1861年腓特烈·威廉四世去世，一共只有四位平民阶层的幸运儿被授予黑鹰勋章，他们分别是：1850年被授勋的枢密院宫中顾问官海因希·泽特、1851年被授勋的国务大臣海因里希·戈特洛布·穆勒、科隆大主教约翰尼斯·盖斯、1861年被授勋

的外交大臣爱德华·海因里希·弗洛特维尔。由此可见，黑鹰勋章仍然只颁发给普鲁士重臣。

为了深刻缅怀那些业已去世的黑鹰勋章获得者，1853年腓特烈·威廉四世钦定链绥版黑鹰勋章链带背后须刻上获得者的姓名、颁发与授勋仪式日期。

在腓特烈·威廉四世在位时期，一共颁发了163枚黑鹰勋章，其中包括22枚钻石版黑鹰勋章。

尤为值得一提的是，在这些黑鹰勋章获得者中，包括了英国国王威廉四世。在授予这位有名的"水手国王"黑鹰勋章时，腓特烈·威廉四世特意令人在黑鹰勋章星芒上缠绕了一圈施以蓝色珐琅、刻有"Honi soit qui mal y pense"（心怀邪念者可耻）铭文字样的金质嘉德勋章吊袜带，从而使嘉德勋章与黑鹰勋章这两枚英普两国最高荣誉完美地结合在一起。

腓特烈·威廉四世本人也非常喜欢这一新设计，此后他多次佩戴这一缠绕嘉德带的黑鹰勋章，这一行为竟逐渐演变为传统，此后授予英王爱德华七世与乔治五世的黑鹰勋章也均沿用这一设计，甚至此后的三代德皇：威廉一世、腓特烈三世、威廉二世也都多次佩戴过这种嘉德带黑鹰勋章。

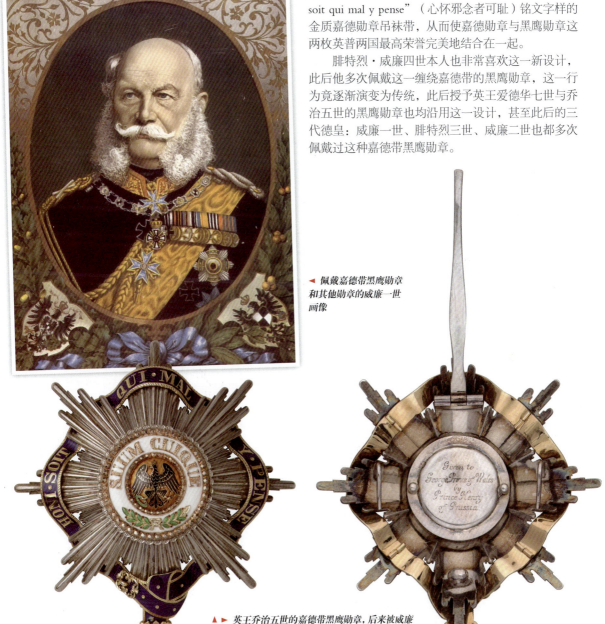

◀ 佩戴嘉德带黑鹰勋章和其他勋章的威廉一世画像

▲ ▶ 英王乔治五世的嘉德带黑鹰勋章，后来被威廉二世剥夺。供图/Royal Collection Trust

► 佩戴嘉德带黑鹰勋章和其他勋章的腓特烈三世画像

▼ 中央为嘉德带黑鹰勋章图案的威廉二世皇帝游艇会纪念瓷盘。供图/Hermann Historica

▲ 威廉二世的嘉德带黑鹰勋章标章。供图/DHM

非基督徒版黑鹰勋章

1839年奥斯曼帝国苏丹阿卜杜勒·迈吉德一世即位后，痛感奥斯曼帝国与欧洲列强的差距，于是大力推行近代化改革，并在克里米亚战争中联合英法共同击败了俄国。在1856年的巴黎会议中，奥斯曼被正式承认为欧洲国家。随后阿卜杜勒·迈吉德一世被英国维多利亚女王授予了嘉德勋章，成为嘉德骑士团第717位骑士。

腓特烈·威廉四世也不甘人后，他命人设计了一款非基督徒版黑鹰勋章，并在1857年11月21日将这款非基督徒版钻石黑鹰勋章授予了阿卜杜勒·迈吉德一世。

新设计的非基督徒版黑鹰勋章参考了之前已拥有非基督徒版本的红鹰勋章，即在外形上极力避免出现十字造型。非基督徒版黑鹰勋章一共颁发了五枚，在阿卜杜勒·迈吉德一世之后又于1861年8月14日颁发给他的继任者奥斯曼帝国苏丹阿卜杜勒·阿齐兹一世，1873年1月12日颁发给伊朗国王纳赛尔丁·沙，1882年2月3日颁发给阿卜杜勒·哈米德二世，最后一枚则颁发给了中国的光绪皇帝。

但并非每一位非基督徒国君都能获得非基督徒版黑鹰勋章，此后获得黑鹰勋章的奥斯曼帝国苏丹、伊朗国王、日本天皇、韩国皇帝均被授予的是普通版黑鹰勋章。

鹰啸天下

伴随着历史的进程，普鲁士王国开始致力于德意志的统一，这一大任落在了接替兄长即位的威廉一世身上。1857年，腓特烈·威廉四世突然中风，且由于其本人没有儿女，其弟弟威廉亲王于1858年出任普鲁士摄政。初掌大权的威廉亲王立刻就对黑鹰勋章做出了修改，1859年威廉亲王要求被多次授予的链绶黑鹰，其链带上需要刻上获得者去世的日期，并打上代表含金量的金标和指定珠宝商的标志。如果链带上已经刻不下新的铭文，那么这套链绶黑鹰勋章将不会再被颁发，这一极为特殊的情况发生在普鲁士战争部长、陆军上将卡尔·冯·埃纳姆的链绶黑鹰勋章上。

1861年1月2日，腓特烈·威廉四世去世，威廉亲王正式即位为普鲁士国王威廉一世。即位后的威廉一世立即设立了一款属于自己的勋章——普鲁士王冠勋章。在1862年威廉一世将普鲁士一级王冠勋章也加入普鲁士王子们获得黑鹰勋章后自动获得的勋章行列中去。

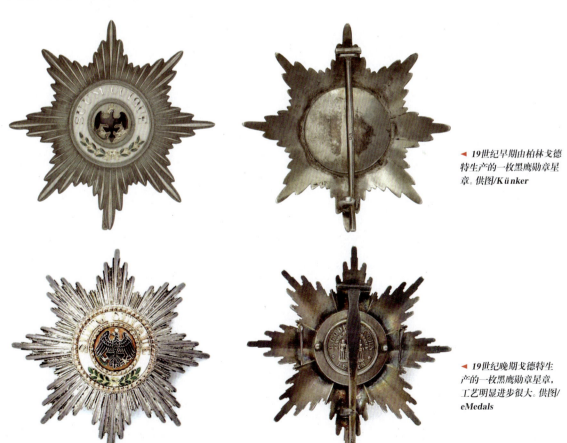

◀ 19世纪早期由柏林戈德特生产的一枚黑鹰勋章星章。供图/Künker

◀ 19世纪晚期戈德特生产的一枚黑鹰勋章星章，工艺明显进步很大。供图/eMedals

随着普鲁士王冠勋章的颁发，普鲁士王国的国徽终于不再变动。根据各王国设计国徽的惯例，本国勋章的最高级别形象都会进入国徽中去，而在普鲁士国徽中，为首的自然是最高荣誉——黑鹰勋章，其次为红鹰勋章、霍亨索伦勋章、普鲁士王冠勋章。

▼ 佩戴黑鹰勋章和其他
勋章的威廉一世画像

威廉一世一心致力于统一德意志的大业，1860年他即委派陆军大臣冯·罗恩将军大幅扩张普鲁士常备军，延长服役年限，增召服役人数，同时威廉一世又委任自己的副官老毛奇为总参谋长，加强军事训练，更新武器装备。然而这一系列的军事改革遭到议会的强烈反对，为了对抗议会，1862年9月23日，威廉一世委任驻法大使奥托·冯·俾斯麦为普鲁士首相兼外交大臣。

成为首相的俾斯麦在9月26日的下院首次演讲中坚定地对议会说道："当代的重大问题并非通过演说和多数派决议就能解决，而是要用铁和血来解决。"这一番言论不仅为俾斯麦取得了"铁血宰相"的称

呼，也为此后普鲁士乃至德意志的命运定下了基调。

1863年俾斯麦制定了统一德国的纲领，随即开始发动王朝战争。1864年普鲁士发动对丹麦的战争，占领荷尔斯泰因和石勒苏益格两个公国。1866年6月16日，普鲁士又发动对奥地利的战争，再次取得决定性胜利，从而确立了普鲁士在德意志的霸主地位。

1868年俾斯麦又独自修改了威廉一世致电法国政府的电报，7月19日法国对普宣战，普法战争爆发。战争爆发后，威廉一世亲自指挥德军对法军发起进攻，而经过罗恩、老毛奇两位名将锤炼的普鲁士陆军在色当会战中一举击败法军，俘获法国皇帝拿破仑三世，取得了普法战争的决定性胜利。

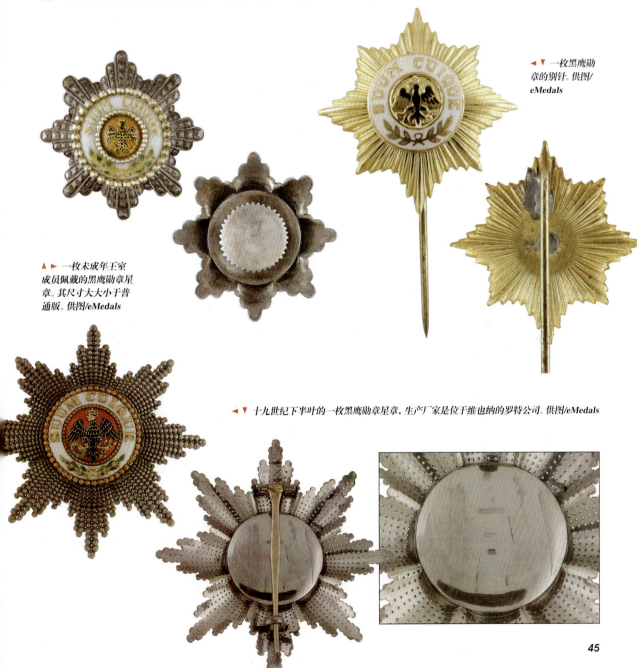

◀▼ 一枚黑鹰勋章的别针。供图/eMedals

▲▶ 一枚未成年王室成员佩戴的黑鹰勋章星章。其尺寸大大小于普通版。供图/eMedals

◀▼ 十九世纪下半叶的一枚黑鹰勋章星章，生产厂家是位于维也纳的罗特公司。供图/eMedals

1871年1月18日，威廉一世在王公贵族的簇拥下，在凡尔赛宫镜厅加冕为德意志帝国皇帝，宣布了德意志帝国的建立。国王在庆功宴会上的祝酒词中对三杰说：您，罗恩将军，磨亮了宝剑；您，毛奇将军，正确使用了宝剑；您，俾斯麦伯爵，多年来如此卓越地掌管我的政策，每当我感谢军队时，就特别地想到你们三位。"

而在反映登基盛典的那副闻名于世的《德意志帝国宣告成立》的油画中，油画中心的人物，无论是台上的威廉一世与身边的腓特烈·卡尔亲王等德意志诸王公，还是台下的俾斯麦、老毛奇以及实际并未出席登基大典的罗恩将军均佩戴黑鹰勋章，斜披橙色的黑鹰大绶。黑鹰勋章，这一与普鲁士王国共生的最高荣誉，此刻也与它的佩戴者们一起见证着德意志帝国的成立。即位后的威廉一世将黑鹰勋章的形象采用到了新设计的德意志德国皇帝陛下纹章中去，在纹章中心的黄底黑鹰外即缠绕着一圈链绶黑鹰勋章，此后黑鹰勋章又被采用到德意志帝国皇帝旗中，而后在1871年8月3日链绶黑鹰勋章的形象被搬上了新启用的德意志帝国国徽。

► 德意志帝国皇帝纹章，上面有黑鹰勋章链章形象

▼ 著名油画《德意志帝国宣告成立》，画上重要人物均佩戴着黑鹰勋章

在德意志帝国成立后，威廉一世再次对黑鹰勋章做出更改。在1883年，威廉一世宣布黑鹰勋章绶章四隅之间的原先使用黑漆漆就的黑鹰更改为采用珐琅工艺，施以黑色珐琅。更改过后的黑鹰勋章，更加华丽夺目。

在威廉一世在位期间，经过王朝战争涌现出相当多的名将重臣，被誉为三杰的俾斯麦伯爵、冯·罗恩伯爵、老毛奇伯爵均被授予了黑鹰勋章，而在德意志帝国成立后，德意志的国际威望迅速提升，威廉一世在此期间也向众多外国君和元首颁发了黑鹰勋章，这其中包括：积极维护德奥同盟的奥匈帝国皇帝弗朗茨·约瑟夫一世、促成德奥意三国同盟的意大利国王翁贝托一世、出身于德国王室霍亨索伦旁系西格马林根家族并参加过普丹战争一向亲德的罗马尼亚王国开国君主卡罗尔一世、法国总统麦克马洪公爵、比利时国王利奥波德二世、荷兰国王威廉三世、丹麦国王克里斯蒂安九世、巴西帝国皇帝佩德罗二世。

威廉一世于1888年去世后，其子腓特烈三世即位为帝，但由于身患喉癌，这位新君在位仅仅99天便去世，也因此腓特烈三世成为颁发黑鹰勋章最少的普鲁士君主，他在位期间仅仅颁发了9枚黑鹰勋章，钻石版黑鹰勋章更是自1742年腓特烈大帝设立近一个半世纪以来，第一位一枚都未授出的国君。

腓特烈三世这一系列遗憾，都在他的儿子威廉二世的身上得以了结。

▲ 佩戴黑鹰勋章和其他勋赏的老毛奇元帅

◀ 1888年左右的一枚黑鹰勋章绶章。供图/DHM

▼ 1880年左右的一枚黑鹰勋章绶章。供图/DHM

▲ 佩戴黑鹰勋章和其他勋赏的腓特烈三世画像

黑鹰坠落

　　1888年6月，野心勃勃的威廉二世登上了皇帝的宝座。在同年的12月6日他就修改了德意志帝国国徽，修改过后的国徽为一只头顶帝国皇冠、佩戴链绶黑鹰勋章，顾盼自雄的黑鹰。初掌大权的威廉二世很快与俾斯麦发生冲突，两年后他命令俾斯麦辞职，从此德国不再有可以阻拦威廉二世的存在了。

　　随着威廉二世在布尔战争、摩洛哥危机等一系列外交行动中莽撞的行动与言论，德国在列强俱乐部中遭到孤立，而他支持阿尔弗雷德·冯·提尔皮茨与古斯塔夫·冯·森登比布兰等人的海军扩张方案，在短期内快速发展德国海军力量，使其成为仅次于英国皇家海军的存在。这些举动与其他欧洲列强的行为形成了连锁反应，最终引爆了第一次世界大战。

　　在大战爆发前的1914年1月7日，威廉二世出于方便佩戴的目的，设计了一种全新的黑鹰襟绶章。黑鹰襟绶章的章体与黑鹰绶章完全相同，只是在尺寸上压缩到5.3厘米，但在襟绶章中，这一尺寸仍然非常大。黑鹰襟绶章的上挂为橙色的奥匈三角挂，在三角挂的中央，是一枚袖珍版的黑鹰星芒章，其尺寸只有2.1cm。尽管襟绶黑鹰勋章的尺寸大为减小，但其精美程度却丝毫不逊于正常版本的黑鹰勋章。

▲ 威廉二世修改之后的德意志帝国国徽，请注意醒目的黑鹰勋章链章形象

▲ 威廉二世"发明"的襟绶黑鹰勋章。供图/Andreas Thies

▲ 佩戴黑鹰勋章的威廉二世画像

▲ 佩戴黑鹰勋章链章的奥斯卡亲王

这一黑鹰襟绶章的设计，此后被威廉二世照搬到了红鹰勋章与普鲁士王冠勋章，与奥匈帝国诸多高等级勋章采用方便佩戴的襟绶样式版本完全相同，甚至黑鹰襟绶章的上挂都完全有别于德国勋章上挂样式，全盘采用了奥匈三角挂。因此我们有理由相信，威廉二世命人设计的这款襟绶黑鹰勋章是全盘借鉴了奥匈帝国的式样。

然而也正是奥匈帝国，最终点燃了第一次世界大战的导火索。1914年6月28日，奥匈帝国皇储弗朗茨·斐迪南大公在萨拉热窝遇刺身亡，7月28日奥匈帝国对塞尔维亚宣战，在一众德国高级将领的劝导下，威廉二世下达了总动员令，并开始执行施里芬计划。8月1日至4日，德国对俄、法、英宣战，第一次世界大战全面爆发。

战争的发展出乎所有参战国的意料之外，逐步演变为漫长而持久的战壕对战。

当战事持续，威廉二世越来越依赖部下的意见，以至1916年后的帝国变成一个军事独裁政权，由总参谋长兴登堡元帅与第一军需总监鲁登道夫上将掌控。

▲▼ 1900年左右的一枚黑鹰勋章星章。供图/Zeige

◀ 带有威廉二世纹章的一款瓷盘，可以看到黑鹰勋章链章的图案。供图/Hermann Historica

到1918年，随着德军的最后攻势宣告失败，德国开始向协约国求和。11月3日，基尔港水兵起义，接着，工人和士兵委员会在一些城市先后成立，他们要求威廉二世退位，否则他们将退出新近成立的内阁。首相马克斯·冯·巴登劝德皇退位，传位给他的孙子，但德皇不肯，希望亲自统帅军队镇压革命，兴登堡通过参谋长直告德皇，说部队不会服从他，威廉二世于是提出放弃皇帝称号，但仍然保留普鲁士国王身份，但无人响应皇帝。11月9日，柏林爆发革命，宣布成立共和国。为求政治统一，马克斯·冯·巴登突然宣布把威廉二世德意志皇帝和普鲁士国王的称号全部废除。万般无奈之下，1918年11月28日，威廉二世签署了退位诏书，德意志第二帝国和普鲁士王国就此瓦解，退出了历史舞台。

此后威廉二世流亡荷兰，在荷兰的威廉明娜女王庇佑之下，居住在多伦的一座小城堡里度过了余生。两百余年前，腓特烈一世将黑鹰勋章绶带设计为其母亲荷兰王室的族色时，恐怕想不到自己的子孙有一日最终托庇在这橙色绶带所代表的家族身后。

▲ 退位之后的威廉二世画像，仍然佩戴着黑鹰勋章

▲▶ 都灵伯爵维托里奥·埃曼努埃莱的近卫军胸甲，上面佩有他获得的黑鹰勋章胸章。供图/*Hermann Historica*

退位后的威廉二世，尽管其旧勋赏体系已被魏玛共和国废除，但他本人仍保留了黑鹰骑士团长的身份，此后直到1934年，威廉二世又向13位霍亨索伦皇室成员颁发了黑鹰勋章，其中包括1932年颁发的最后一枚钻石版黑鹰勋章。

威廉二世在位时期，德国的经济得到迅猛发展，政治上也成为举足轻重的强国，同时在一战期间涌现出众多将才，因此威廉二世也是颁发黑鹰勋章数量最多的君主，一共颁发了351枚黑鹰勋章，其中有28枚为钻石版黑鹰勋章。

这一时期的授予对象也非常多样，其中包括普鲁士名将保罗·冯·兴登堡元帅、近代机动战大师——奥古斯特·冯·马肯森元帅、德国大洋舰队之父——阿尔弗雷德·冯·提尔皮茨海军元帅、施利芬计划制定者——阿尔弗雷德·冯·施利芬元帅、八国联军总司令阿尔弗雷德·冯·瓦尔德泽伯爵（即瓦德西）；也包括著名艺术家阿道夫·冯·门采尔——德国油画家，德国最伟大的艺术家之一，他在1898年被授予了黑鹰勋章，是唯一一名因艺术成就被授予黑鹰勋章的获得者。

1 佩戴着黑鹰勋章的马肯森元帅
2 佩戴着黑鹰勋章的兴登堡元帅
3 佩戴着黑鹰勋章的施利芬元帅

▲ 佩戴着黑鹰勋章的瓦尔德泽伯爵，他更为中国人熟知的名字叫作瓦德西

▲ 唯一一名因艺术成就获得黑鹰勋章的阿道夫·冯·门采尔，照片中他身着黑鹰勋章勋服

除了德国本国的获得者，外国国君也被大量授予黑鹰勋章，比如：英国国王爱德华七世、威廉二世的表弟英国国王乔治五世（尽管与威廉二世是兄弟关系，但彼此关系并不好，大战爆发后即宣布剥夺威廉二世的嘉德勋章与皇家海军元帅头衔，威廉二世也宣布剥夺乔治五世的黑鹰勋章作为回应）、俄国沙皇亚历山大三世、威廉二世的另一个表弟俄国末代沙皇尼古拉二世（第一次世界大战就是在这些亲戚之间发生的战争）、被威廉二世寄予厚望的意大利国王维托里奥·伊曼纽尔三世（然而这位意大利国王在大战爆发后却投入协约国阵营之中）、日本明治天皇（对于这个东方岛国的国君而言，先后获得黑鹰、嘉德两枚勋章，也标志着日本进入了列强俱乐部）、日本大正天皇、曾在普鲁士参军亲德的希腊国王格奥尔格二世、两次大战中均以亲德闻名的瑞典国王古斯塔夫五世、当时尚为瑞典王储的古斯塔夫六世、比利时国王阿尔伯特一世、泰国国王朱拉隆功、韩国高宗皇帝（中日甲午战争之后，朝鲜在日本的裹挟下宣布独立，并成立了大韩帝国，高宗登基称帝，西方列强也礼仪性地授予了这位日本的儿皇帝大量勋章，除了黑鹰勋章以外，法国也授予了高宗大十字级荣誉军团勋章）、伊朗国王穆扎法尔丁·沙等。

此外还有不少外国重臣将领也被授予了黑鹰勋章，包括早期为维护德英友谊而授予英军最后一任总司令、英国元帅弗雷德里克·罗伯茨伯爵。最为有趣的是，即便在一战爆发后，仍有与德国为敌对国家的贵族重臣被授予了黑鹰勋章，较为典型的如威廉二世的亲戚，时任加拿大总督的英国康诺德公爵。在开战伊始，英德两国国君即互相剥夺最高勋章的情况下，这一今天看起来非常奇怪的行为也凸显了一战早期交战双方尚且保有骑士精神的古怪特点。

在这些外国获得者中，最特殊的一位，当属中国的清朝皇帝——光绪帝。

黑鹰与中国

在光绪帝亲政后的1898年5月24日（光绪二十四年四月初五），德皇威廉二世派遣其弟海因里希亲王在西苑觐见光绪帝，海因里希亲王受到了免鞠躬、赐坐的礼遇，光绪站立受礼，并握手送之，表达慰问。光绪帝还亲自检阅了海因里希亲王的卫队，这些都是清廷前所未有的礼遇。之后，威廉二世为了表示感谢，在国电中告知将向光绪皇帝颁发黑鹰勋章，这引起了光绪皇帝对于宝星的兴趣，并命令总理衙门转达回赠头等第一双龙宝星的讯息，因此时任总理衙门大臣的张荫桓草拟了国电：

大清国大皇帝敬问大德国大皇帝好。此次大皇帝介弟来华，朕推诚相与，以联国之欢，中西利俗攸殊。总虑情文未能周洽，烦大皇帝电称致谢，又赠送黑鹰宝星，并申两国联交，永缔和好之意。昨日介弟言辞，屡述及此，朕心良深慰悦。回赠大德国大皇帝头等第一宝星，以志邦交酬答之情，益彰两国联合之美。特令出使大臣吕海寰译呈国电，先宣圣意。

继而光绪帝又亲自参与了头等第一宝星的规格设计。首先，他将宝星的制作地定在了上海，并规定宝星佩带（绶带）必须采用明黄色，宽三寸，长六尺三寸。此外，光绪帝还认为原《宝星章程》规定重三分二的宝星大珠"究不大观"，应移到副宝星（绶章）上面，而原来的位置应该改为八分重的大珍珠。

宝星佩带（绶带）按照《宝星章程》的规定应为金红色，而明黄色为皇帝的专用色，显然不合规制，但由于光绪皇帝的坚持只好照办。至于更动原镶嵌在宝星上的大珍珠规格一项，则牵扯到原来颁布的宝星图式，排挤到以满汉文书写的字样和其他珠宝的空间布置，使得宝星的整体看起来像是一般的珠宝饰品，失去了原有的荣誉性质。因此又有了折中式的改变：

大珠改为五分重（因八分重的大珠数量少，且光圆度不够），佩带为"双龙阑干边式"、"明黄色丝地洋金线起花"。

张荫桓后来在六月十六日的日记中称，宝星成品"金色、镶珠、分量、制法，无一不佳"，不过却发现"背镶製匠字号及廿二换金等字，市井恒情，不符友邦投赠"，而要求将刻字磨掉。

但此后黑鹰勋章是否正式被颁发给光绪皇帝，却没有详细记载，有说法认为之后不久便发生了戊戌变法，此后光绪帝遭软禁，此事便不了了之。也有德方的记载，在1898年6月25日，威廉二世正式为光绪皇帝颁发了黑鹰勋章，但这套黑鹰勋章是否被送交给光绪帝，却无从得知了。

值得注意的是，当时西方列强均开始有意向这个东方的老大帝国统治者颁发本国勋章，在1897年，沙俄就向慈禧颁发了一级圣叶卡捷琳娜勋章这一仅次于圣徒安德烈勋章的沙俄最高级女性勋章。

不过具有讽刺意味的是，威廉二世此次派遣海因里希访华，其目的并不是为了彰两国联合之美。恰恰相反的是，海因里希亲王是坐着德国舰队的战舰而来，为的是逼迫清廷签署割让胶州湾权益的《胶澳租借条约》，也就是从这一事件开始，帝国主义列强开始了瓜分中国的狂潮。

▲ 时任总理衙门大臣的张荫桓
◀ 代表威廉二世访问中国的海因里希亲王，注意他佩戴着黑鹰勋章

结语

在第一次世界大战之后，黑鹰勋章虽然已被废除，但是那些威名赫赫的德军将领们，如兴登堡、马肯森，仍然身着第二帝国的军装，在最显眼的位置佩戴着黑鹰勋章，以彰显曾经的辉煌。

1941年6月5日，威廉二世在荷兰的多伦去世，他死后身着全套军礼服下葬，而佩戴在胸前最上方的正是代表了旧日王朝最高荣誉的黑鹰勋章。在他的葬礼上，有相当多的纳粹将领身着纳粹军装出席。而走在队伍最前方的，却是身着第二帝国军装，已经92岁高龄的马肯森元帅，他的胸前最上方的位置也佩戴着黑鹰勋章，普鲁士的荣光最终走向了消亡。

威廉二世去世后，威廉皇太子自动继承了其黑鹰骑士团长的身份，此后历路易·斐迪南王子，到现任黑鹰骑士团长格奥尔格·弗里德里希王子。

第二次世界大战之后，许许多多有关德国军国主义的符号、勋章、地名都已消亡，甚至连普鲁士这个称呼也被废除，但在今日的德国联邦国防军的宪兵部队（Feldjäger）的徽章图案中，却赫然依旧是前王国的最高勋章——黑鹰勋章的星章图案，其上的团训 Suum Cuique 清晰可见。

从1701年的普鲁士王国初立，到反法战争、普法战争的威名显赫，再到第一次世界大战的绝响谢幕，黑鹰勋章的命运与普鲁士的命运紧密地结合在一起，见证了这个欧陆强国的兴衰。其获得者的命运也无不与各得其所的团训所契合，在普鲁士已经不复存在的今天，她仍然矗立在德国国防军的徽章上，这只黑鹰回首三百多年的历史，展望着明天的世界。

◀ 巴黎荣誉军团勋章博物馆专柜展示的黑鹰勋章。摄影/唐思

▼ 巴黎荣誉军团勋章博物馆展示的黑鹰勋章绶章。摄影/唐思

▲ 国防军宪兵部队的帽徽，上面最显眼的就是黑鹰勋章的图样，只不过中央的普鲁士黑鹰换成了联邦黑鹰

柏林夏洛滕堡宫外围墙上的黑鹰勋章图案，无声地诉说着当年的辉煌。摄影/唐思

合众为一

美国军事勋赏制度发展简史（一）

作者：刚寒锋

"士兵们愿意为了一些闪闪的奖章而英勇并长期地战斗下去。"

—— 拿破仑·波拿巴

军事勋赏作为军人服役期间军功的体现方式，是军人荣誉的最高象征。美国是一个十分重视军人荣誉的国家，早在独立战争时期，就开始在军中颁发象征军人战功与荣誉的勋赏了。为培养军人的荣誉感，美军建立了一套几乎是世界上最复杂的勋赏体系。发展至今，美国设立的用作褒奖军人功绩的勋赏多达上百种，种类繁多，让人眼花缭乱。与其拥有强大而系统庞杂的军事指挥体系相统一，美国从宏观到微观对奖励制度做了不同层面的规范，全面构建了体系完整、易于理解、便于执行的奖励制度法规体系。

美军奖励制度的目标是通过军事荣誉奖励最大程度地促使军人的行为与军队的期望相一致。通过表彰有功人员和优秀服役人员，给军人颁发各种勋章、奖章和纪念章等，培养军人的英勇品质，鼓励军人出色服役，激励军人提高技能，号召军人建立功勋。因此，本文将按照设立时间、人物、背景并结合军兵种情况，重点介绍美国军事勋奖章的发展。对于民事奖励《号角》将另文介绍。

绪论

美军奖励制度的法规依据是美国国家法规体系的一部分，美国总统出于行政需要，颁布了一系列与军事奖励相关的总统行政令，在联邦行政法层面对美军奖励制度做了相关规定。在国会立法和总统行政令的基础上，美国国防部进一步细化奖励制度的相关法规，规范和指导各军种的奖励工作。美军各军种通过军事条例、命令、指令、手册等方式将高层法规变为更具操作性的低级法规程序。总之，法规详尽、程序严密，基本做到了每一步都有章可循。在《美国法典》、《陆军条例》等军事法规中，美国规定了的奖励方式包括：奖章、勋略章、旗帜饰带以及证书、徽章、感谢信、备忘录、戒指、奖杯、奖盘甚至现金奖励等，范围涵盖全体国民，甚至非美国公民。

在美军奖励制度中，军人被分为不同的角色——受奖者、奖励推荐人、各级司令部人事军官、批准奖励的司令官、奖章等奖励物的设计人员、军人档案管理机关、军事历史局等等。勋奖章是美军使用最为广泛的奖励标示物，目前美军使用的奖章有数百种之多，各军兵种还独立设有反映不同专业特点的各种奖章，主要分类包括：个人勋章、集体嘉奖、战役与服役奖章、射击徽章和纪念章等。

美国军队现行的勋奖章分为两类：一类是奖励英雄业绩的，其最高等级为"荣誉勋章"；另一类是表彰工作成就的，其最高等级为"国防部服役优异勋章"。此外还有种类繁多的集体奖章和非军事勋章和奖章。这些奖励有的由美国国会设立，如美军的最高军事荣誉"荣誉勋章"；有的是联邦政府奖章，如"银星奖章"；有的是美国国防部设立，如"国防部优异服役奖章"；有的是美军五大军种分别设立的奖章；有的甚至是经过美国国防部批准的外国奖章；"总统自由勋章"是和平时期由美国总统授予非军人的最高奖励。虽然美军奖章种类名目繁多，所代表的奖励有一定区别，但就勋奖章的结构而言，基本一致。

美国建国至今虽仅有240年，但从欧洲继承了良好的军事传统和荣誉体系。美军奖励制度不仅仅由相关法规所确定，同时也深深打上了美国历史、文化和政治传统的烙印。美军奖励制度不是某几个人设计而成，而是数百年来根据内外环境变化和军事建设需要，不断发展完善而来，为我们呈现出这栋"百年建筑"的独特风貌。早在南北战争之后，美国即建立了一套较为完备的勋奖章制度，发展至今，已经成为世界上最为复杂的一套勋赏体系。在美军中，军人通过多种渠道可以获得军事荣誉，可以说总有一款适合。美军还给军事行动中服役30天以上的颁发纪念章，如越战、伊战等凡参加者都有纪念章。曾经有人戏言，美国大兵在伊拉克大街上走上一圈，只要活着回国就能被授勋。这里面虽然有讽刺之意，但也从一个侧面反映出美国勋赏制度的完备。据不完整统计，美国现行授予军人的勋章、奖章至少在132种以上。

独立战争时期（1775—1783年）

美国独立战争（American Revolutionary War）即美国革命战争，是大英帝国及其北美十三州殖民地的革命者，以及几个欧洲强国之间的一场战争。这场战争始于1775年4月19日的莱克星顿，由于英国对殖民地的剥削，同时由于北美殖民地经济的发展，为了对抗英国的经济政策，北美人民发起了抗争。但后来却因为法国、西班牙及荷兰加入战争对抗英国，而使战争的范围远远超过了英属北美之外。

1775年6月15日，第二届大陆会议举行，并决定殖民地居民组建正规的大陆军，乔治·华盛顿（George Washington）为大陆军总司令。华盛顿统率大陆军采取持久作战以消耗英军的策略，与英军展开长期的斗争。北美独立战争全面展开。6月17日，英军与波士顿民兵在邦克山进行首次战斗。

1776年7月4日大陆会议通过了由托马斯·杰斐

▲ 美国开国元勋、大陆军总司令、第一任总统乔治·华盛顿画像

▲ 反映萨拉托加大捷的油画

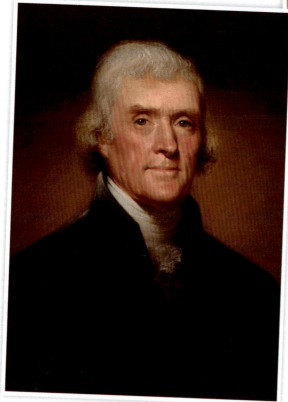

▲ 美国开国元勋、独立宣言起草者托马斯·杰斐逊画像

逊（Thomas Jefferson）执笔起草的《独立宣言》，宣告了美国的诞生，7月4日后来被定为美国的国庆日。8月，英军以3.2万兵力进攻纽约并在长岛登陆，经过激战，美方死伤1500人，英方伤亡不到400人。为避免全军覆没，美军以退为进，主动放弃纽约。9月26日英军占领了费城。12月25日夜晚，华盛顿率领美军横渡特拉华河，突袭特伦顿的黑森雇佣军的兵营，并在1777年1月3日击溃在普林斯顿的英军3个团。英军在控制了重要城市和海岸线后，力图速战速决。7月，英军兵分三路，攻往奥尔巴尼，以切断殖民地对外联系。

1777年10月，从蒙特利尔南下的英军，途中遇到新英格兰民兵的强烈抵抗，并在弗里曼农庄及贝米斯高地的两次战斗中惨败，结果被迫退往萨拉托加（Saratoga）。美军立即以3倍兵力包围该地的英军，逼迫5700名英军无法再战，于10月17日投降。

▼ 《巴黎和约》的一页原件

萨拉托加大捷大大改变美国独立战争的形势，使大陆军开始掌握战略主动权。

1778年2月，法国正式承认美国，并与其互订军事同盟。6月，法国对英国宣战。1779年6月，西班牙与法国缔结联盟，以法国同盟者身份在海上参加反英战争。1780年春天，英军进围查尔斯顿。5月，英军成功逼降被围的南方美军后，派查尔斯·康沃利斯（Charles Cornwallis）固守查尔斯顿。4月，美军挥师南下一举收复了除萨凡纳和吉尔斯顿之外的全部南方国土。12月，荷兰加入战事，对英宣战。战至此时，英军已渐露败绩。

1781年1月17日，开始战略反攻的大陆军南下转战南卡罗来纳州，并在考彭斯（Cowpens）大胜英军。3月15日，英军在北卡罗来纳州吉尔福德与美军交战，伤亡惨重，被迫向沿海地区撤退。8月，康沃利斯统率7000名英军死守弗吉尼亚的约克敦。华盛顿

统率美法联军1.6万余人，在格拉斯伯爵率领的法国舰队配合下包围约克敦，迫使英军于10月19日投降，并导致英内阁倒台，促使双方和谈。

1782年11月30日，英国新政府与美达成停战协议。1783年9月3日，英美双方代表于法国凡尔赛宫签订《巴黎和约》，英国正式承认美利坚合众国成立。美国的独立战争胜利结束。

在美国，军事勋赏的历史始于美国独立战争的早期，当时国会投票表决授予功劳突出的杰出军事领导人国会金质奖章（Congressional Gold Medal）。受奖者可以不是美国公民，但需要对美国的社会、文化、艺术、经济等非军事领域做出"超过一般人的努力和贡献"，亦可以获得该奖章。1776年3月25日，首枚奖章授予了德高望重的乔治·华盛顿将军，表彰其从波士顿驱逐英国殖民者的卓越贡献。

1777年11月4日，霍雷肖·盖茨少将（Horatio

Gates）因指挥取得萨拉托加大捷而获得奖章。1779年7月26日，安东尼·韦恩少将（Anthony Wayne）指挥斯托尼波恩特（Stony Point）之战攻破英军要塞荣获该奖章。1779年9月24日，亨利·李（Henry Lee）少校在保卢斯胡克（Paulus Hook）战斗中的出色指挥而荣获。1781年3月9日，丹尼尔·摩根（Daniel Morgan）准将在考彭斯之战中率军击溃英军被授予金质奖章。1781年10月29日，纳瑟内尔·格

林（Nathanael Greene）少将因指挥部队在南卡罗来纳的尤托斯普林（Eutaw Springs）重创英军而荣获奖章。1787年10月16日，约翰·保罗·琼斯（John Paul Jones）上尉被授予该奖章，表彰他在8年前的塞拉皮斯（Serapis）海战中的突出表现。以上这些金质奖章获得者的成功均是美国独立战争中具有里程碑意义的重大战绩。

该奖章图案设计并不固定，尺寸非常大，但总

▲ 华盛顿获得的国会金质奖章图样　　　　　▲ 丹尼尔·摩根在考彭斯战役后获得的国会金质奖章图样

▲ 安东尼·韦恩获得的国会金质奖章图样　　　　　▲ 亨利·李获得的国会金质奖章

▲ 约翰·保罗·琼斯获得的国会金质奖章图样

▲ 佩戴着国会金质奖章的霍雷肖·盖茨画像

▲ 安德烈奖章实物

体外形基本保持圆形，不是用来佩戴在军服上，而是针对不同的情况而直接将获奖者的头像和获得功绩的事件画面铭刻在章体的两面，相当于我们熟悉的纪念币形制。有趣的是，一旦奖章的制作模具做好以后，奖章的复制品就会大量被仿制并广泛流通。这种作为灌输爱国主义情怀的纪念章，展现了一个新生国家取得一场又一场战争胜利的豪情。这些早期的纪念大奖章至今在美国铸币局仍然在铸造并发售。历经战争风云，国会金质奖章始终都在颁发，如今与总统自由勋章并列为美国最高级别民事奖章，且只有300余人获得过此项荣誉。

1780年，美国国会设立了安德烈奖章（Andre Medal）。该奖章的颁发一方面打破了奖章只授予功勋卓著的高级将领的做法，另一方面这是第一枚专门设计用于佩戴在脖子上的奖章。奖章被国会授予了3名爱国士兵：约翰·帕尔丁（John Paulding）、

艾萨克·范·沃特（Isaac Van Wart）和戴维·威廉斯（David Williams），表彰他们抓获了靴子里偷带《西点要塞计划》的英军间谍约翰·安德烈（John Andre）少校。

1782年8月7日，华盛顿将军设立了军功奖章（Badge of Military Merit）。这是美国第一枚面向普通士兵的奖章，是第一枚专门佩戴在制服上的荣誉，也是现在美军紫心勋章的前身。该奖章用紫色布料或丝绸制成，呈心状，边缘饰有细窄镶边。虽然以前曾颁发过特别奖章和纪念性奖章，但却有一点遗憾，就是对那些受人敬重的士兵，在做出特别重大贡献后却没有任何军事奖励品。华盛顿将军在纽约州纽伯格签署的授勋命令中明确表达了他对授勋的基本观点，认为官兵们的每种表现都很重要，并应得到回报，甚至用令人吃惊的民主语句进行了强调。但此后差不多一年时间里，这个理念却没有得到广泛传播或执

行，因此历史上有据可证荣获这枚奖章的只有3人，且均为中士军衔，他们是伊利亚·丘吉尔（Elijah Churchill）、威廉·布朗（William Brown）和丹尼尔·贝塞尔（Daniel Bissell）。至今，这3枚织品紫心勋章中还有2枚存世，成为弥足珍贵的文物。

战争快结束时，华盛顿将军立即授权那些表现突出的士兵可以在袖子上缝上一条条纹图样，以对他们三年来的模范服役表达敬意。那些服役达6年的可以缝两条条纹，这就是最初版的品德优良奖章。华盛顿希望这能开创一个永久的授勋体系。尽管此前具有特殊纪念性质的奖章已经设立过，但直到此时才真正设立了授予普通官兵的用以表彰其贡献的军事奖章。不幸的是，在独立战争结束后该奖章就被废止了，并一直消失了近150年。但是，它并没有彻底被历史遗忘，这首先应归功于当时的陆军参谋长——道格拉斯·麦克阿瑟（Douglas MacArthur）将军。直到为庆祝华盛顿200周年诞辰，华盛顿当年设立的军功章被重新启用，并改名为"紫心勋章"。1932年2月22日，战争部宣布美利坚合众国总统令："由乔治·华盛顿将军设立的紫心勋章将于即日起恢复，以此表达对他本人以及他非凡军事成就的纪念。"

最终，华盛顿设立的"紫色的心形"样式被保留，并在正面紫色的章体背景中加入了身着戎装的华盛顿肖像。该勋章为铜质边缘镀金，呈心形，中间有铜质头像。在心形的上方为一个取自华盛顿军服的盾牌标志，该盾牌的左右两侧各有一根带有绿色珐琅质树叶的小树枝。勋章背面也为心形，上面浮刻有"For Military Merit"（表彰其军事功绩）字样，并留下了获奖者名字的空当，作为对获得者的崇高评价。尽管这枚勋章在今天的美国勋章中级别不高，但它标志着勇敢无畏和自我牺牲精神，在美国人心中占有崇高的地位。

紫心勋章是美国的第一种奖章。勋章的名称来

▲ 后世仿制的
"军功奖章"

▲ 美国2007年发行的紫心勋章邮票

1782年8月，华盛顿在位于纽约州纽伯格（Newburgh）的司令部里签署的一份安德烈奖章命令中写道：

"一位将军，如果希望在士兵们身上看到远大的志向抱负，同时也希望促进并鼓励他们每一份的功绩，那么就应该做到：任何官兵只要做出杰出的功绩，就应当授权其在他左胸心脏部位的制服上，镶或缝制紫色布或丝织品材质的窄边。不但彰显其不同寻常的勇气，而且表彰其特别的忠诚，以及重要的贡献，这是其应得的回报……在一个爱国者组成的军队里，在一个自由的国度，追求荣誉之路对所有人敞开着。此令也充分回顾了独立战争早期的经验，并充分考虑了其以后作为一种长久存在的机制。"

▲ 美国紫心勋章

在某些行动中负伤、牺牲或因伤亡故及可能亡故的美国军人或美国公民。这些行动包括：1. 抗击美国敌人的任何活动；2. 美国正在或已经参与与外国敌对武装力量作战的任何行动；3. 与盟军一起参与抗击敌对武装力量的作战（在此冲突中美国为非交战方）；4. 因上述敌人所造成的死亡；5. 因国外敌人造成的死亡；6. 1973年3月28日以后，因国际恐怖主义分子对美国或美国盟国的攻击所造成的死亡，作为维和部队的成员在美国领土以外服役因参加军事行动而导致的伤亡。凡在上述情况下首次受伤即有权获得紫心勋章。追授的紫心勋章将授予受勋者最亲近的遗属，美国陆军人事司令部一旦收到阵亡报告就应主动办理授勋事宜。

1812年战争期间（1812—1815年）

1812年战争即是"第二次独立战争"，这是美国独立后第一次对外战争，同时也是攸关这个新国家命运的关键一战。1812年6月18日，美国向英国宣战。同时，美洲印第安人部落由于种种原因也卷入了战争。

1812年7月17日，圣约瑟夫岛英军对邻近的美国麦基诺岛的要塞发动突袭，迫使美国守军不战而降。8月16日，英军借着炮击与心理战迫使在底特律的美军投降。美国人在1812年最后一次对加拿大的进攻发生在尚普兰湖地区，由于参战的美国民兵拒绝离开美国本土作战，进攻遭到失败。1813年5月，英军包围俄亥俄州梅格斯要塞，美国援军被印第安部落击败，但是要塞并未失陷。9月10日，美军发动伊利湖战役并取得决定性胜利，美军完全控制了该湖。经历数次失败的美军因此士气大振，英军被迫撤出底特律。

1813年10月至1814年3月，英国在欧洲击败拿破

自于一种称为"紫心"的木头，这是一种有着光滑质地的可被用来制作枪炮的玫红色木头。该木头曾被认为是世界上制作枪托和迫击炮底座的最好木料，因为它可以承受极大的压力。最初的勋章只是一片用银线绣有"功绩"（MERIT）字样的紫色心形布块，文字周围同时绣有花环。这是由皮埃尔·查里斯·拉方特（Pierre Charles L'Enfant）根据华盛顿的个人指示而设计。该章是为纪念华盛顿创立的第一种美国陆军勋章，因而现代的紫心勋章上印有他的头像。1932年2月22日，战争部宣布总统令恢复颁发紫心勋章，经1962年4月25日第11016号美国总统修正，后又经过总统令和公共法再次修正。

紫心勋章以美国总统的名义授予自1917年4月5日以后以任何身份于美国武装力量的一个军种服役期间

◀ 反映1812年战争期间美军抗击英军进攻的油画

仑，将更多的兵力增援北美战场。1813年4月27日，美军进攻上加拿大首府多伦多。5月27日，美军两栖部队从安大略湖攻击尼亚加拉河北部的乔治要塞，用很小的代价将其占领。6月5日英军反攻，收复失地。在安大略湖，双方海军有三次交手，均未取得决定性战果。

1814年5月31日，英军封锁了全部美国海岸。8月24日，缺乏战斗经验的美国民兵在首都保卫战中被英军彻底击败，陷落后的华盛顿特区被纵火焚烧。9月13日，英军向巴尔的摩港口的麦克亨利要塞进攻，遭到了坚决的抵抗。美国律师弗朗西斯·斯科特·基对此次战役有感而发，写下了后来成为美国国歌的著名诗篇《星条旗歌》。12月24日，两国外交官员在比利时城市根特签署和约，正式停战。但是因为当年交通不便，和约的消息没有及时到达新奥尔良。1815年1月，美军于路易斯安那州的新奥尔良战斗中取得重大胜利。2月17日，麦迪逊总统签署了《根特条约》，使之于次日生效。双方停战后归还了占据的对方岛屿，边界恢复到战前状态，双方均未做领土让步。这

场战争是第一次、目前为止也是唯一的一次，使美国首都被外国军队占领。

1812年战争期间，国会继续保留了授予金质大奖章作为对获胜指挥官嘉奖的惯例。1814年11月3日，亚历山大·马可姆（Alexander Macomb）少将获得一枚金质奖章，以表彰他在9月11日的博兰茨贝格（Plattsburgh）战役中大获全胜。此外，大批的海军军官们在战争期间也被国会授予了奖章、佩剑及其他荣誉，以表彰他们在1812年8月19日对英海战中击沉双桅战舰"孤立"号（HMS Guerriere）、1812年10月8—9日的尼亚加拉河之战中俘获单桅战舰"底特律"号（HMS Detroit）和双桅战舰"加利多尼亚"号（HMS Caledonia）、1812年12月29日击败单桅战舰"爪哇"号（HMS Java）等骄人战绩。

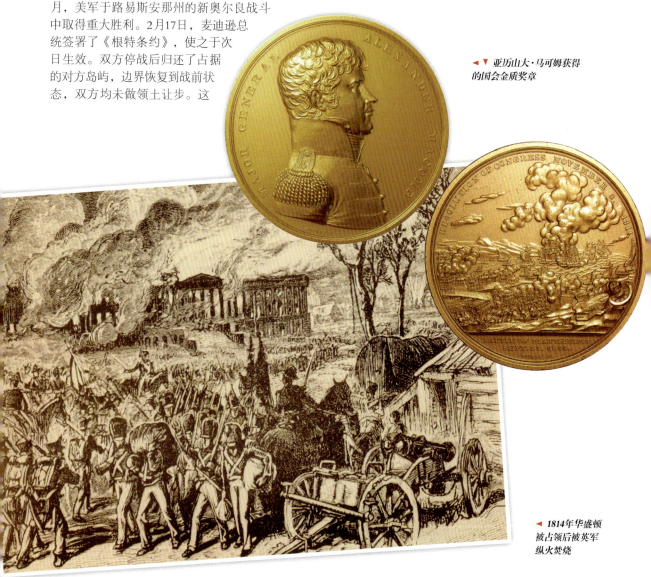

◀▼ 亚历山大·马可姆获得的国会金质奖章

◀ 1814年华盛顿被占领后被英军纵火焚烧

美墨战争期间
（1846—1848年）

　　美墨战争（Mexican-American War）即墨西哥-美利坚战争，是因美国和墨西哥在得克萨斯共和国之间未解决的边境问题，以及美国的扩张主义而爆发的一场战争。自1835年起，美国不断煽动墨西哥得克萨斯地区的种植园主叛乱并入美国，墨西哥出兵镇压，美国派兵占领得克萨斯。1846年4月24日墨西哥骑兵进攻并俘虏了一支美国在格兰德河附近的部队，战争正式爆发。5月13日美国国会通过了向墨西哥的宣战，美军从多个战线入侵墨西哥领土。

　　战争初期的帕洛阿尔托战役，美军2300人同墨军6000人交战，美军以优势炮火击溃了对方的骑兵。随后，美军1700人在雷萨卡·德·拉帕尔马击溃了5700名墨军。5月18日，美军越过格兰德河并占领了马塔莫罗斯城。7月14日先头部队到达位于墨西哥城北1000英里的查马尔戈，建立攻克蒙特里的基地。与此同时，美国海军舰队由墨西哥湾的马萨特兰港开赴加利福尼亚。7月9日，美军占领了旧金山和圣诺明。不久，美国海军占领了萨克拉门托附近的萨托堡和圣·巴巴拉。8月19日，美军向蒙特里进军。9月19日，美军增至1.5万，抵达蒙特里郊外，最终于9月24日攻破蒙特里城。翌日，墨西哥守军投降。双方达成休战八周的协议。11月16日，美军占领科阿韦拉的首府萨尔蒂略，在这前后已先后占领了蒙克洛瓦和蒙特

里以西的帕拉斯。12月12日，美军骑兵到达圣迭戈。1847年1月10日，美军占领洛杉矶，紧接着又在萨克拉门托战役中打败墨西哥守军。2月21-24日，美墨两军激战，美军获胜并结束了在墨西哥北部的军事行动。美军人数虽少，但倚仗优越的战术素养和精良的装备，击溃了以墨西哥人为主体的数量占优势的墨西哥军队。墨西哥人民在美占区展开游击战，迫使美军停止了进军。

　　美军为彻底瓦解墨军抵抗，改变主攻方向，开始寻找一条最短路线攻占首都墨西哥城。美军司令温菲尔德·斯科特策划并实施了对维拉克鲁斯的两栖登陆。3月9日开始，美军在维拉克鲁斯东南3英里处的海滩开始登陆。墨军未予抵抗，美军8000人无一伤亡，顺利登陆后开始围攻维拉克鲁斯。从3月22日开始，美72艘军舰和陆军的大炮对维拉克鲁斯进行了连续几天的野蛮炮击。斯科特下令：墨西哥人不投降，便不许任何活人离开这座城市。在美军猛烈的炮火下，尽管城市受到严重破坏，但墨西哥守军进行了顽强抵抗，码头工人和渔民也积极参战，使美军付出了82人的伤亡。3月29日，墨军在指挥官命令下停止抵抗，美军才攻占该城。这次两栖登陆，从军事上看是十分成功的，美陆海军密切协同作战，完成了预定的作战目标，被称为"19世纪最成功的两栖登陆作战"。

　　5月15日，美军推进到离墨西哥城80英里的普埃布拉，因城里上层人士投降，美军兵不血刃攻占了这座墨西哥第三大城。8月6日，1万美军兵临墨西哥

▶ 反映美军进入墨西哥城的画作

城下。墨西哥军民为保卫首都展开了英勇战斗。墨军集中了2万人，100门大炮。这时的墨军以墨西哥人为主，战斗力有了明显提高。双方首先在郊区外围展开激战。在康特列拉斯和丘鲁布什科两战中，美军以猛烈炮火又一次击溃了优势敌军。墨军伤亡被俘达7000余人，但美军也伤亡近千。9月7日，美军向墨西哥城发起总攻。墨军奋勇抵抗，打退美军多次进攻，美军死伤惨重。在俯瞰墨西哥城的查普尔特佩克山，战斗尤为激烈。墨西哥军事学院的学生进行了英勇战斗。美军如潮水般向山顶冲锋，学生们冒着枪林弹雨，奋勇还击，美军死伤遍地。墨军子弹打光后，与敌人展开了白刃格斗。最后，有6名少年学员战斗到最后一人，光荣牺牲，被誉为"少年英雄"。9月14日拂晓，美军入城。开始，美军耀武扬威，身穿崭新制服举行入城式，许多市民围观，突然枪声大作，墨军狙击手从四面八方向美军射击，美军纷纷倒下。激烈的巷战进行了整整一天，美军伤亡860多人。后由于墨西哥市参议会怕美军报复，下令停火，美军才最终攻占墨西哥首都。

随着首都的陷落，墨西哥向美国投降。1848年1月2日，美墨和谈正式开始。1848年2月2日，双方签订《瓜达卢佩－伊达尔戈条约》，美国获得了上加利福尼亚、内华达、犹他的全部地区，科罗拉多、亚利桑那、新墨西哥和怀俄明部分地区。墨西哥割让了占本国一半以上的领土190万平方公里。1848年6月12日，美军撤出墨西哥城，战争结束。美国通过这场规模不算很大的战争夺取了230万平方公里的土地，一跃成为地跨大西洋和太平洋的大国。

在墨西哥战争期间，联邦政府对为战争中的士兵们制作勋章并不太情愿，但各州政府却没有那么

抵制。其中，南卡罗来纳州只做了1000枚银质勋章，分发给赴墨西哥参战的"棕榈"志愿团（Palmetto Regiment）的每名军人。该奖章为圆币形，每个勋章上分别为他们刻上了名字，并将其佩戴在左侧肩带上。其他一些城市，如南卡州的查尔斯顿市（Charleston）也为他们的地方部队特别制作了勋章。战后，曾在墨西哥战争中服役过的陆军军官成立了"1847年阿兹特克俱乐部"，并为会员们设计制作了一枚可以佩戴的奖章——阿兹特克俱乐部奖章（Aztec Club Medal）。1847年，美国陆军设立功绩证书，正式颁发给那些战斗在墨西哥的士兵们，而以奖章形式颁发直到1905年才实现。

美墨战争在军事上对美国有着重大影响，在美国军事史上有许多第一：美军第一次在异国作战、第一次进行两栖登陆作战、第一次进行巷战、第一次使用蒸汽战舰、第一次在敌国建立军政府、第一次由职业军队单独进行战争。此外，这次战争也成了日后南北战争双方将领的练兵场。

南北战争期间（1861—1865年）

南北战争（American Civil War）即美国内战，是美国历史上唯一一次内战，参战双方为北方美利坚合众国和南方的美利坚联盟国，最终以北方联邦胜利告终。1860年，代表北方资产阶级利益、主张限制奴隶制的美国共和党候选人林肯当选为总统，成了南北战争的导火线。1860年12月20日，南卡罗来纳州的奴隶主召开代表大会，宣布"南卡罗来纳与其他各州之间

▲ 非常罕见的金质"棕榈"志愿团奖章

▲ 南北战争时期的北方士兵

▲ 反映唐纳尔逊堡战役的画作

▲ 美国最伟大的总统之一亚
伯拉罕·林肯

► 反映第一次马纳
萨斯战役的画作

▲ 南方的总统杰弗逊·戴维斯

现存的以美利坚合众国为名的联邦从此解散"。1861年2月4日，南卡罗来纳、密西西比、亚拉巴马、佛罗里达、佐治亚、路易斯安那、得克萨斯这7个已宣布脱离联邦的州在亚拉巴马州的蒙哥马利城开会，随后宣布成立"美利坚联盟国"，并选举杰弗逊·戴维斯为临时总统。1861年6月，弗吉尼亚、阿肯色、田纳西及北卡罗来纳4州相继脱离了联邦加入"南部同盟"，叛乱州达到11个。

1861年7月21日，3.5万名北方军队发起了向南方首都里士满的进军，第一次马纳萨斯战役打响，北方军队战败。1861年11月8日，美国军舰拦截了英国邮船"特伦特"号，逮捕了在船上的南部同盟代表梅森和斯利德尔后下令释放，从而避免了与英国的正面冲突，使英国武装干涉美国内政的企图未能得逞。1862年2月，唐纳尔逊堡战役，北方胜利，这是内战以来北军取得第一次重大胜利，大大鼓舞了北军的士气，并先后赢得了长岭战役、夏洛伊会战的胜利。

1862年9月22日，林肯发布《关于解放黑人奴隶宣言》，大量奴隶从南方逃向北方，为北方军队提供了大量的兵源。1863年7月1日，葛底斯堡大捷，歼灭南军2.8万人，成为内战的转折点。战场上的主动权转到北方军队手中。1863年6月23日，奇克莫加–查塔努加战役拉开序幕，经过长达半年的时间，北方获胜。1864年5月3日晚，格兰特指挥12.7万人的部队向南方进军，在弗吉尼亚和罗伯特·李的部队遭遇，莽原之战打响，初期北方损失惨重，伤亡1.8万人。随后冷港战斗打响，北方伤亡6万人，南方伤亡3万人。1864年9月，W.T.谢尔曼将军麾下的北军一举攻下亚特兰大，两个月后开始著名的"向海洋进军"。1865年2月1日，谢尔曼大军离开萨凡纳开始了第三次远征，目标是北上经过南卡罗来纳的哥

伦比亚，直捣北卡罗来纳的罗利，最后与格兰特会师于弗吉尼亚。2月16日，谢尔曼大军轻而易举地攻克了哥伦比亚城；18日，谢尔曼在海军的配合下又兵不血刃地解放了查尔斯顿；3月3日攻占克劳；3月21日在戈尔兹伯里与格兰特会师，完成了对南部同盟的战略包围。4月3日，北方军队占领里士满。4月9日，李的部队陷入北方军队的重围之中，被迫向格兰特请降。美国内战终止。美国重新恢复统一。

► 当时美国报纸上反映葛底斯堡大捷的版画

▼ 当时美国报纸上反映奇克莫加–查塔努加战役的版画

▲ 身着军服的格兰特，后来成为第18任美国总统

▲ 南军最高指挥官罗伯特·李

▶ 战功卓著的威廉·谢尔曼

▼ 反映莽原之战的画作

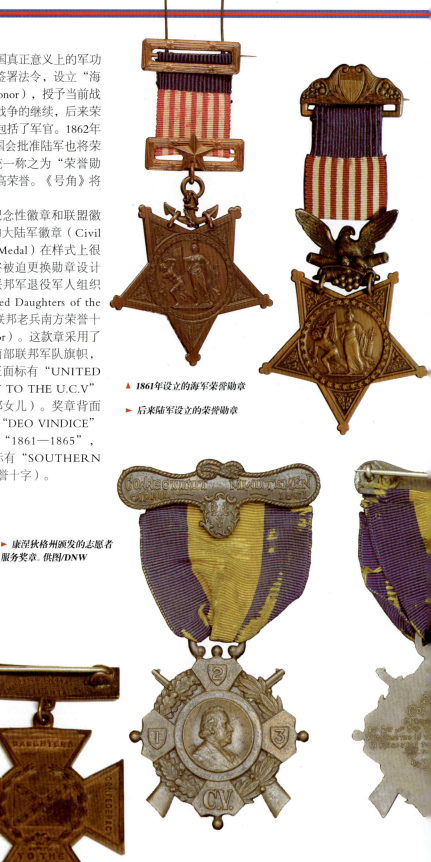

　　南北战争期间首次出现了美国真正意义上的军功章。1861年12月21日，林肯总统签署法令，设立"海军荣誉勋章"（Navy Medal of Honor），授予当前战争中英勇表现的海军士兵。随着战争的继续，后来荣誉勋章的颁发范围也随之扩大，包括了军官。1862年7月12日，继美国海军之后，经国会批准陆军也将荣誉勋章引入奖励体制中，后来统一称之为"荣誉勋章"，并成为所有美国军人的最高荣誉。《号角》将专文对荣誉勋章进行深入介绍。

　　随着内战的进行，老兵的纪念性徽章和联盟徽章陆续出现。其中，共和联盟的大陆军徽章（Civil War Reunion Commemorative Medal）在样式上很接近于首款荣誉勋章，国会最终被迫更换勋章设计样式并申请了专利。战后，前联邦军退役军人组织"美国南部联邦的女儿"（United Daughters of the Confederacy）颁发给许多南部联邦老兵南方荣誉十字奖章（Southern Cross of Honor）。这款奖章采用了马耳他十字款式，章体中央为南部联邦军队旗帜，四周被月桂花环所环绕。十字正面标有"UNITED DAUGHTERS CONFEDERACY TO THE U.C.V"（美国南部邦联退伍军人的联邦女儿）。奖章背面正中为美国南部联邦的座右铭，"DEO VINDICE"（承神之佑），配有年份信息"1861—1865"，同样饰有月桂花环。十字四周标有"SOUTHERN CROSS OF HONOR"（南部荣誉十字）。

▲ **1861年设立的海军荣誉勋章**

▶ **后来陆军设立的荣誉勋章**

▶ **康涅狄格州颁发的志愿者服务奖章。供图/DNW**

▲ ▶ **南方老兵组织颁发的南方荣誉十字奖章**

▲ 新泽西州颁发的内战老兵奖章。供图/DNW

▲ 马萨诸塞州颁发的志愿者服务奖章。供图/DNW

1905年，西奥多·罗斯福总统授权追授南北战争战役奖章（Civil War Campaign Medal）。该陆军版奖章颁发给任何一名在1861年4月15日至1865年4月9日期间在军队服役的人员（在得克萨斯州这一时期延长到1886年8月20日）。首批奖章用红、白、蓝三色缎带，但为了区别海军和海军陆战队的南北战争战役奖章（蓝色、灰色缎带），在1913年才做出改变。

南北战争战役奖章是授予1861—1865年参加内战的美国南、北两个同盟的军事人员。该奖章是1905年纪念南北战争40周年时第一次颁发的，获得者包括内战期间的所有老兵，不管他们曾服役于南部或北部联盟。

南北战争奖章有两个版本，陆军版以及海军和海军陆战队版。陆军版奖章的正面是亚伯拉罕·林肯的肖像，四周是他的名言"WITH MALICE TOWARDS NONE WITH CHARITY FOR ALL"（无怨相向，仁爱相对）；奖章反面记录着"CIVIL WAR, 1861—1865"（南北战争，1861—1865年）。此外，海军和海军陆战队版的南北战争战役奖章正反面图案均与陆军版不同，其正面同为海战场景，上下标有"南北战争，1861—1865年"；奖章反面同为海军徽标，海军版标有"UNITED STATES NAVY FOR SERVICE"（为美国海军服务），陆战队版标有"UNITED STATES MARINE CORPS FOR SERVICE"（为美国海军陆战队服务）。在美国内战战役勋章的众多获得者中最有名的一位恐怕算是阿瑟·麦克阿瑟了，也就是道格拉斯·麦克阿瑟的父亲。

▲ 佩戴陆军南北战争纪念奖章的斯考利准将

▲ 陆军南北战争纪念奖章。供图/DNW

▲ 海军南北战争纪念奖章。供图/eMedals

美西战争时期
（1898—1899年）

美西战争（Spanish-American War）是1898年美国为夺取西班牙属地古巴、波多黎各和菲律宾而与西班牙发动的战争。1898年2月15日，美国派往古巴护侨的军舰"缅因"号在哈瓦那港爆炸，美国遂以此事件为借口要求惩罚西班牙，4月24日西班牙首先对美国宣战，次日4月25日美国对西班牙宣战。

战争主要在古巴、波多黎各和菲律宾同时进行。在加勒比海地区，"缅因"号事件后，西政府派出一支舰队前去防守波多黎各，1898年5月19日进入圣地亚哥港。美北大西洋分舰队立即对该港实行封锁，并要求陆军配合歼灭港内西舰队。但美陆军第5军在圣地亚哥以东登陆后，坚持以夺取圣地亚哥城为目标，在攻占城东制高点的战斗中伤亡1700人。7月3日，西舰队奉命撤出圣地亚哥港，在港外被美舰队歼灭，死亡160人，被俘1800人。16日，圣地亚哥城在古巴起义军和美军围困下断粮，城内外西守军约2.3万人投降。25日，美陆军司令N.A.迈尔斯率领的远征军在波多黎各登陆。西政府求和。

两国于12月10日在法国巴黎签订《巴黎和约》。根据和约，西班牙全部放弃古巴，将波多黎各和关岛等殖民地割让给美国，并以2000万美元的代价，把菲律宾的主权转让给美国。

1898年的美西战争标志着美国作为一个主要军事力量的崛起。这场历时仅100余天、致使3000美国人丧生的短暂的海上冲突，使美国陷入了远东的复杂问题，也使敢于与美国军事力量抗衡的欧洲列强得到了警告。对美国人自己来说，这场战争则标志着它要更多地参与世界事务。

西奥多·罗斯福（Theodore Roosevelt）成为总统之后，他授权立法设立奖章追授那些之前在美国历次军事冲突中服役的所有人员。到1908年，追授的战役奖章包括：南北战争、印第安战争、美西战

▲ 美西战争期间的美军士兵

◄ 反映乔治·杜威将军在马尼拉湾战役期间的画作

争、菲律宾叛乱和遣华解救远征军（中国义和拳起义运动）。其中，有8枚奖章被设立用以纪念美西战争中发生的军事事件，其中一枚是为了纪念美国海军在乔治·杜威（George Dewey）上将的率领下在马尼拉湾击沉西班牙舰队的事件。这枚奖章授予参加远征的所有军官和士兵，成为美国的首枚战役奖章——杜威奖章（Dewey Medal）。此外还有陆军西班牙战役奖章（Spanish Campaign Medal）、海军或海军陆战队西班牙战役奖章（Navy and Marine Corps Spanish Campaign Medal）、西印度群岛战役奖章（West Indies Campaign Medal）、西印度群岛海军战役奖章（又称作辛普森奖章）（West Indies Naval Campaign Medal–Sampson Medal）、菲律宾战役奖章（Phillipine Campaign Medal）以及授予占领古巴和波多黎各的战士们的陆军占领古巴奖章（Army of Cuban Occupation Medal）和陆军占领波多黎各奖章（Army of Puerto Rican Occupation Medal）。1918年创立的西班牙战争服役奖章（Spanish War Service Medal）则授予参加了美西战争而未能如愿戴上西班牙战役奖章的志愿者们。海军和陆军使用相同的勋表，但奖章却不一样。从那时候起，在勋表条上佩戴勋略章的习惯已经被接受，但海军和陆军有着各自的佩戴先后次序，这些军种独立设立的佩戴传统一直沿用至今。

▲ 佩戴海军荣誉勋章和杜威奖章的弗朗茨·伊特里奇

◄ ▲ 一枚杜威奖章实物，注意背面铭刻有"U.S.S.Boston"，是颁发给"波士顿"号巡洋舰官兵的。供图/Morton & Eden

▲ 陆军西班牙战役奖章。供图/DNW

▲ 海军西班牙战役奖章

▲ 佩戴西班牙战役奖章的哈罗德·索伦森少校

▲ 西班牙战争服役奖章。供图/DNW

▲ 西印度群岛海军战役奖章。供图/DNW

▲ 佩戴西班牙战争服役奖章的拉尔夫·罗巴特上尉

▲ 菲律宾战役奖章。供图/Liverpool Medals

▲ 陆军占领古巴奖章。供图/Liverpool Medals　　　　　▲ 陆军占领波多黎各奖章。供图/eMedals

　　在1863年至1891年间，殖民的白种人为向西部地区开拓移民领地，保护移民不受印第安人袭击，而与美国原住民印第安人族群之间爆发的一系列冲突，史称"印第安战争"（Indian Wars）。1907年1月21日，美国战争部颁布命令，向在那个时期和地域参加各类战役的官兵颁发印第安战役奖章（Indian Campaign Medal）。

▲ ► 印第安战役奖章

◀ 佩戴印第安
战役奖章的雅各
布·霍勒尔

▲ 印第安战争是美国历史上的一大污点

◀ 佩戴西印度群岛海军战役奖章和西印度
群岛战役奖章的亨利·齐格迈尔

军政光辉

俄国圣亚历山大·涅夫斯基勋章

作者：赫英斌

亚历山大·涅夫斯基

　　1220年5月30日，后来的基辅和弗拉基米尔大公雅罗斯拉夫·弗谢沃洛多维奇（Ярослава Всеволодовича）的次子亚历山大·涅夫斯基于佩列斯拉夫尔-扎列斯基（Переславль-Залесский）出生。1228年亚历山大和他的哥哥一起被父亲送到军队锤炼。1236年，雅罗斯拉夫离开诺夫哥罗德在基辅登基，亚历山大从此开始独立活动，并以16岁年龄出任诺夫哥罗德公爵，作为当地军事领导人，保卫古罗斯西北抵御德意志与瑞典人的进攻。

　　1237年12月，教皇格里高利九世宣布第二次十字军东征，并允许瑞典对包括诺夫哥罗德的北部各部族异教徒用兵。为抵御可能的入侵，亚历山大在诺夫哥罗德西南舍伦河（реке Шелони）建立一系列防御工事。1239年，瑞典与日耳曼进行了谈判，决定进军诺夫哥罗德大公国以夺取其领土，为此瑞典国王埃里克十一世派出了由王子乌尔夫·法西公爵和女婿亚尔·比耶尔统领的军队。1240年7月，瑞典舰队约100艘舰船运送约5000人的部队抵达涅瓦河河口，瑞典人与其盟军登岸在伊若拉河与涅瓦河口交汇的河畔安营扎寨。

　　在得知敌军靠近的消息后，亚历山大召开军事会议并紧急集结部队，决定对敌人发起突然袭击。由于军情紧急，亚历山大并没等待他父亲的援军及自己的部队集结完毕，就率领卫队和诺夫哥罗德义勇军一向拉多加湖进发，他带领的部队有卫队300人，骑兵500人，民兵500人，途中又得到150名拉多加军人和50名伊若拉卫队的加强。瑞典人在靠岸后并没有想到俄罗斯人会突然接近，正忙着将舰船摇摆着靠近岸边，并在岸边扎上白色的帐篷。亚历山大率军以急行军速度疾驰120公里与乘船部队会合后，向敌营隐蔽接近。7月15日上午11时，俄罗斯人向敌人发动了突袭，亚历山大率骑兵对营房中心区域进行了猛

▲ 圣亚历山大·涅夫斯基宗教绘画

烈打击，由于攻击如此地突然，以至于瑞典人没有时候准备好马匹，许多战马成了俄罗斯人的战利品。另一队骑兵则转向右翼，从两侧对瑞军营地进行夹击。步兵则沿涅瓦河进攻，任务是切断瑞军退路，并阻止船上敌军增援。在战斗中，亚历山大也身先士卒，勇猛作战，击伤了瑞军统帅。激烈的战斗一直持续到晚上敌人被击溃，瑞典人最终被打败，幸存者逃到船上撤退了。此战俄军损失是20人阵亡，而瑞军损失了多艘船只，死亡总数推测是几十人到几百人。此外据记载，第二天涅瓦河边当地居民发现了许多瑞典人没有掩埋的尸体。这场战斗就是著名的"涅瓦河会战"（Невская битва）。因为这场胜利，亚历山大获得了称号"涅夫斯基"（意即"涅瓦河的"）。

▲ 反映涅瓦河会战中亚历山大英勇作战的绘画作品

　　为了纪念这场战役，1710年由彼得大帝下令在圣彼得堡涅瓦大街东端修建亚历山大·涅夫斯基修道院（Александро-Невская Лавра）。在18世纪初，当地还是森林和沼泽密布，彼得吩咐砍掉树林排干积水以便修建修道院。当地被误以为是战斗发生地，但实际战斗发生地是在离此19公里远的地方。1713年4月5日，木制的报喜教堂建成，这一天也被认为是亚历山大·涅夫斯基修道院正式建成之日。

　　在获得涅瓦河之战的胜利后，亚历山大决定扩大公爵统治领地，但遭到贵族反对，亚历山大离开了诺夫哥多德。后来面对德意志条顿骑士团的入侵，诺夫哥多德市民会议要求他重新返回指挥，亚历山大带领当地联军夺回被十字军占领的城镇。1242年4月5日，亚历山大·涅夫斯基统帅军队，在爱沙尼亚边境附近的楚德湖冰面上，巧妙配置部队，决定性地击败了骑士团主力，这一战常被称作"冰上激战"。后来的历史学家们评论说，这一战挽救了俄罗斯民族，马克思曾说过"亚历山大·涅夫斯基挺身反对德意志顿骑士的进攻，从而将那些坏蛋们最终赶出了俄罗斯国土"。1252年，亚历山大成为弗拉基米尔大公。1263年，亚历山大·涅夫斯基从金帐汗国返回诺夫哥罗德途中于戈罗杰茨去世，葬于费拉基米尔市的费拉基米尔圣诞修道院。将亚历山大·涅夫斯基作为圣人崇拜在他死后不久就开始了，俄罗斯东正教会于1547年封亚历山大·涅夫斯基为一位圣徒。

　　根据彼得大帝的命令，1724年9月12日，（俄历8月30日）圣亚历山大·涅夫斯基的遗骨被庄严地从弗拉基米尔迁移到俄罗斯帝国新首都，亚历山大·涅夫斯基变成了新首都的守护神。在苏联时期，圣亚历山大·涅夫斯基的银棺被重新安置在冬宫博物馆直到今天。

▲ 现今的圣彼得堡亚历山大·涅夫斯基修道院

▲ 反映圣亚历山大·涅夫斯基指挥的"冰上激战"的绘画

▶ 1992年俄罗斯为纪念在楚德冰湖上击败德意志条顿骑士团750周年发行的纪念币

▲ 彼得大帝将圣亚历山大·涅夫斯基公爵遗体转移到圣彼得堡的绘画

▼ 1942年苏联画家科林创作的历史人物肖像画《俄国统帅、涅瓦河英雄——亚历山大·涅夫斯基》，刻画了俄国历史上威武雄壮、击败异族入侵的一位大公的形象，借以表达人们对当代英雄人物的敬意和必胜的信念

▲ 圣亚历山大·涅夫斯基的银棺现在位于圣彼得堡冬宫博物馆

▼ 圣彼得堡亚历山大·涅夫斯基广场矗立着的涅夫斯基塑像

作为民族英雄，亚历山大·涅夫斯基在欧洲有着深远的影响，除了本文介绍以他名字命名的勋章，在欧洲有许多以他名字命名的建筑。在圣彼得堡的亚历山大·涅夫斯基广场矗立着亚历山大·涅夫斯基塑像，塑像背后是文中介绍的亚历山大·涅夫斯基修道院。在俄罗斯和欧洲以亚历山大·涅夫斯基命名的教堂不胜枚举，如爱沙尼亚首都塔林亚历山大·涅夫斯基主教座堂、乌克兰克里米亚半岛雅尔塔亚历山大·涅夫斯基主教座堂、保加利亚首都索菲亚的亚历山大·涅夫斯基大教堂等。除了教堂，纪念物当然也少不了街道、广场、桥梁，如圣彼得堡涅瓦河上的亚历山大·涅夫斯基大桥、普斯科夫州跨河大桥、大诺夫哥罗德沃尔霍夫河亚历山大·涅夫斯基大桥等。

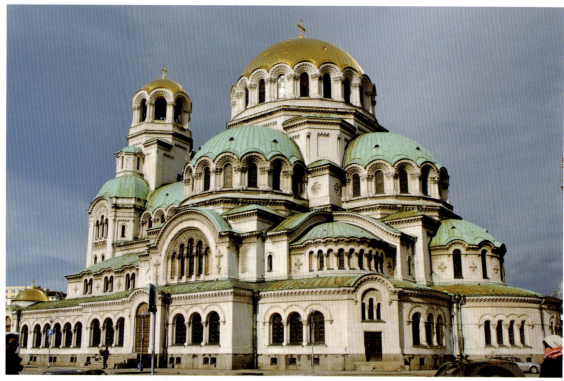

▲ 位于保加利亚索菲亚的亚历山大·涅夫斯基大教堂

苏联与俄罗斯拍摄了多部影视作品来表现这一著名人物，如1938年历史爱国主义电影《亚历山大·涅夫斯基》，来唤起苏联人民对祖国历史的认识，激发人民的爱国热情。除了电影，苏联与俄罗斯还发行了一系列以其为主题的纪念邮票，在1944年，亚历山大·涅夫斯基第一次出现在了当年发行的《苏联勋章》系列邮票的一枚上，此后苏联与俄罗斯联邦发行了多张关于他的纪念邮票。

▲ 苏联电影《亚历山大·涅夫斯基》的英文海报

▲ 苏联1944年发行的涅夫斯基勋章邮票

作为著名军事人物，不少苏俄军事装备也以他的名字来命名。俄罗斯第四代战略核潜艇955型"北风之神"级战略核潜艇的二号艇，编号K-550的"亚历山大·涅夫斯基"号核潜艇于2013年12月13日开始服役，部署于俄罗斯太平洋舰队。俄罗斯海军计划发展的新型21956型导弹驱逐舰也将以这位民族英雄的名字命名，首舰"亚历山大·涅夫斯基"号。2008年，俄罗斯举行了一次"最伟大的俄罗斯人"的评选活动，涅夫斯基名列首位，获得了"最伟大的俄罗斯人"称号。

设立

早在俄历1721年8月30日（公历9月9日），俄罗斯与瑞典签订了《尼施塔特和约》，双方将建立"永久的、真正的和牢不可破的陆地和水域的和平"，结束了历时21年的北方战争。根据该和约，俄国获得波罗的海东岸各省、一部分芬兰领土和波罗的海的一些重要岛屿，俄罗斯获得了波罗的海出海口，为此同意付给瑞典折合150万卢布赔偿金。因为这次胜利，俄国打开了通往西欧的窗户，由一个内陆国家扩张成为一个濒海国家，挤进了欧洲大国的行列，实现了一个半世纪以来沙皇俄国梦寐以求的愿望。这个和约的签订使用彼得欣喜若狂，大肆庆祝这一重大胜利。10月22日，参政院为表彰彼得一世在北方战争中所创建的"伟大功绩"，封其为"全俄罗斯大帝"和"祖国之父"，从此沙皇俄国成为俄罗斯帝国。

1722年2月，为庆祝俄罗斯与瑞典缔结的《尼施塔特和约》，彼得大帝设立了一种早有打算的军功勋章，类似法国的圣路易王家军事勋章，以表彰军事功绩。根据法国驻俄大使2月9日在报告中所写："昨天，所有大臣被邀请参加大型庆祝活动——皇帝设立了圣亚历山大（涅夫斯基）军事勋章，模仿法国的圣路易勋章。"

彼得为勋章设立采取了实际行动，他在准备进军波斯的训练期间制定了勋章颁发草案。据记载制造了首批40枚勋章与类似圣路易勋章的红色绶带，拟创立的这种新勋章以彼得最为敬重的俄罗斯著名军事人物圣亚历山大·涅夫斯基的名字来命名。最初这种勋章只打算作为一种完全授予军事功勋的奖赏，这从采用抵抗外国侵略者的杰出统帅的名字来命名这种新勋章就可以看出来。作为统治俄罗斯帝国的第一位沙皇，在他在位期间继第一圣徒安德烈勋章和圣叶卡捷琳娜勋章之后，这是设立的第三种勋章。但52岁的彼得一世1725年1月28日因病突然驾崩打断了这个计划。彼得一世在世时也就没有来得及颁发任何一枚圣亚历山大·涅夫斯基勋章。

▲ 全套圣亚历山大·涅夫斯基勋章

在彼得一世死后，并没有留下遗言将皇位传给妻子还是女儿，因此在统治层展开了皇位争夺战。由于获得了彼得生前重用的贵族支持，经过近卫军参与的宫廷政变，彼得的继妻继位，于1725年1月28日成为俄罗斯帝国女皇，即叶卡捷琳娜一世。根据彼得的遗愿，俄历1725年5月21日（公历6月1日）安娜·彼得罗夫娜公主与荷尔斯泰因-哥塔公爵卡尔·弗里德里希（Karl Friedrich, Herzog zu Holstein-Gottorp，就是未来沙皇彼得三世的父亲）举行婚礼的当天，叶卡捷琳娜将圣亚历山大·涅夫斯基勋章授予参加婚礼的嘉宾，其中15名为俄罗斯人，还有参加婚礼仪式的荷尔斯泰因-哥塔的4名朝臣。自此俄国正式设立了圣亚历山大·涅夫斯基勋章（Орден Святого Александра Невского）。女沙皇将民事官员也列入了首批受勋者之列，改变了彼得原来打算设立仅表彰军功的勋章的初衷。而专门作为军功勋章的圣格奥尔基勋章将于44年后的1769年才正式设立。1797年4月5日，保罗一世正式批准了亚历山大·涅夫斯基勋章条例，确立了其在俄罗斯帝国奖赏中的地位。

细品

　　像所有俄罗斯帝国勋章一样，亚历山大·涅夫斯基勋章由挂章、绶带和星章组成。在1797年的一份官方文件中，包含了对亚历山大·涅夫斯基勋章的描述，这也是至今发现的第一份该勋章的严格描述。

　　圣亚历山大·涅夫斯基勋章挂章材质为金质，总体形状为十字臂间带有双头鹰的红色十字架，十字架中央是战斗中骑在白马上的亚历山大·涅夫斯基画像。亚历山大·涅夫斯基穿着蓝色战袍，披着红色斗篷，马头有向左和向右两种版本，在图像上一般也都有赐福于骑士的祥云。十字架臂之间有金质的俄罗斯双头鹰镂空图案，鹰头戴有皇冠，十字架臂与展开的鹰翅膀相接，鹰爪下抓着闪电和花环，19世纪后闪电和半叶花环被去掉了。挂章背面中央是白底圆盘，上面有拉丁字母"SA"组合图案，意思是"神圣亚历山大"，代表亚历山大·涅夫斯基，字母图案上方置有皇冠。

◀ 属于沙皇亚历山大一世的亚历山大·涅夫斯基勋章

▲ *1836—1840年间制造的一枚亚历山大·涅夫斯基挂章。供图/Кабинетъ*

▲ *19世纪早期的一枚亚历山大·涅夫斯基挂章*

▶ 克伊别列和凯默勒（*Кейбель и Кеммерер*）制造的亚历山大·涅夫斯基挂章，制造年代"*1848*"标记以及黄金含量与圣彼得堡城市标记位于挂环座上。供图/*Кабинетъ*

◄ 威廉·克伊别列工场1858年制造的圣亚历
山大·涅夫斯基挂章

▲ 威廉·克伊别列工场1863年制造的圣亚历山大·涅夫斯基挂章

▲ 1882—1898年克伊别列工场制
造的挂章，挂环座上带有黄金含
量"56"和城市纹章标记，尺寸为
62×55.7毫米，重31.6克

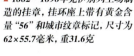

◄ 圣彼得堡阿尔伯特·克伊别列
工场1882—1889年制造的挂章，
尺寸为60.5×55.1毫米，重31克，
挂环座侧面带有黄金含量"84"
和圣彼得堡城徽的标记

亚历山大·涅夫斯基勋章星章总体为银质光芒星，其含银量发生过多次改变，星章有八道光芒，中心白底，上面带有圣亚历山大·涅夫斯基的字母组合图案，图案上面有皇冠，四周围绕着红色珐琅圆环，圆环内有铭文 "За труды и Отечество"（劳动与祖国），字体镀金，铭文字样正下方是绿色珐琅映衬的金色皇冠。这也许是俄罗斯帝国勋章中最漂亮的星章，铭文格言也最为响亮。星章佩戴在左胸。佩戴挂章的大绶带为单纯的红色波纹丝绸，宽10厘米，斜挎过左肩佩戴。

▲ ► 阿尔伯特·克伊别列于1882—1910年间制造的星章，直径90毫米

▲ ► 基贝尔工场于1882—1898年间制造的一枚星章。供图/Sincona

▲ 圣彼得堡爱德华工场于1899—1908年制造的星章，材质为银珐琅镀金，重59.47克，尺寸为87×87毫米

▲ ► 爱德华工场1908—1911年制造的星章，直径90毫米

▲ 爱德华工场于1911—1917年间生产的一枚星章。供图/Hermann Historica

▲ 圣彼得堡末知工场19世纪60年代生产的星章，重50.58克，尺寸为88×89毫米，可以看到后面的黄金含量"84"标记

▲ 圣彼得堡末知工场生产的星章，19世纪下半叶制造，尺寸为86.5×86毫米，星章上面装饰的并不是钻石而是水星玻璃

▲ 圣彼得堡卡尔·舒伯特工场（Карла Шуберта）1848—1864年制造的星章，重59.6克，尺寸为90.6×90.9毫米，背面带有黄金含量"86"的标记

▲ 圣彼得堡奥西波瓦工场于19世纪末制造的星章，尺寸为79×79毫米，重52.6克，金含量"84"和圣彼得堡纹章标记位于背面。奥西波瓦工场由创始人德米特里·伊万诺维奇·奥西波瓦（Дмитрия Ивановича Осипова）于1855年创立，该工场制作金银制品，包括俄罗斯和外国勋章与奖章

▼ 奥西波瓦工场于1882—1898年制造的星章，尺寸为91×91毫米，重77.5克，材质为金、银和珐琅，背面圆盘上带有圣彼得堡金属检验局以及制造商"ДО"标记

在俄罗斯帝国奖赏史上，亚历山大·涅夫斯基勋章同样也经历了一些变化。

从1797年开始，在勋章挂章上增加钻石装饰成为一种特殊标志，只有皇帝才有资格颁发这种钻石勋章，擅自给勋章挂章装饰贵重的宝石的行为被禁止。从1797年至1917年，钻石勋章一共授予1275人，其中24人为佩剑版，有5人是二次授予。

▶ 钻石圣亚历山大·涅夫斯基勋章挂章，由圣彼得堡宫廷珠宝商奥西波瓦工场（И. Осипова）于1870—1880年制造，材质为金、银、钻石和珐琅，尺寸为57×52毫米，黄金含量56%

▲ 一枚19世纪末期的钻石版亚历山大·涅夫斯基
勋章。供图/Знакъ

▲ 一枚20世纪初的钻石版亚历山大·涅夫斯基
勋章。供图/Hermann Historica

▼ 一枚非基督徒版本的钻石版亚历山大·涅夫
斯基勋章

最初的亚历山大·涅夫斯基挂章十字架上覆盖的是暗红色玻璃。最重要的变化发生在1819年3月24日，根据亚历山大一世的命令，暗红色的玻璃改为了红色珐琅。

自1844年8月9日起，授予非基督徒的勋章中圣人图案和字母结合图案都用俄罗斯帝国的双头鹰代替。

非常珍贵的一套授予非基督徒的全套亚历山
大·涅夫斯基勋章

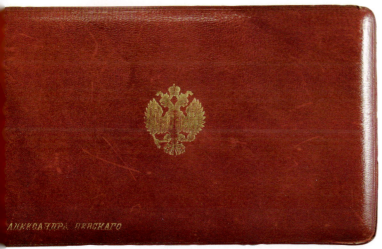

从1854年开始，布质版本星章停止颁发，勋章获得者将收到金属版本星章，而在此之前仅可以自费定制。因此，我们现在看到的布质版星章都是1854年以前制造的，采用银丝、银箔、银片镶嵌缝在织物上。由于缝纫制造技术和时间的不同，其尺寸大小也不相同。这样的星章在1797年至1854年成本是6卢布。不同于勋章挂章，在勋章获得者死后，星章不需要返还。另外，勋章获得者也有权委托技师定制金属版本星章，因此我们看到许多肖像画中的勋章获得者佩戴着金属星章。从1854年6月起，金属星章正式开始颁发。星章含银10所洛特尼克即42.66克。

▲ 生产于1780年的一枚布质亚历山大·涅夫斯基勋章。供图/Sincona

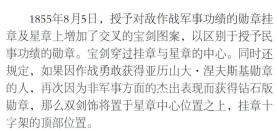

◀ 巴拉舍夫画像及其获得的亚历山大·涅夫斯基勋章。亚历山大·德米特里耶维奇·巴拉舍夫（Александр Дмитриевич Балашёв, 1770—1837），1810—1812年任亚历山大一世设立的警察部首任警察大臣，同时在1809—1812年任圣彼得堡督军，1823年晋升步兵上将，1811年4月2日获得亚历山大·涅夫斯基勋章。从他的肖像画中可以看出，他佩戴的是自己定制的金属版本星章

▼ 佩剑圣亚历山大·涅夫斯基勋章星章。供图/**Morton & Eden**

1855年8月5日，授予对敌作战军事功绩的勋章挂章及星章上增加了交叉的宝剑图案，以区别于授予民事功绩的勋章。宝剑穿过挂章与星章的中心。同时还规定，如果因作战勇敢获得亚历山大·涅夫斯基勋章的人，再次因为非军事方面的杰出表现而获得钻石版勋章，那么双剑饰将置于星章中心位置之上，挂章十字架的顶部位置。

1856年，挂章十字架臂间的双头鹰形状发生了变化。当时亚历山大二世发起重振帝国的改革，其中就包括了纹章改革，神圣罗马帝国风格的双头鹰被普鲁士风格的雄鹰所取代，因此挂章上的双头鹰形状也发生了改变以与新的雄鹰图案相适应。

▲ 一套钻石版圣亚历山大·涅夫斯基勋章

在1860—1870年间，勋章挂章的红色珐琅颜色非常深，几乎就是黑色的，以至于挂章被称为"黑色"。后来在19世纪晚期出现过一种想法，为这种勋章配一条类似圣安德烈勋章的链章用于在特殊的礼仪场合佩戴，但这个想法没有获得批准。1916年10月10日根据新亚历山大·涅夫斯基勋章条例，勋章改用青铜制作。联系当时俄罗斯参加了一战，其经济面临沉重压力几近崩溃，这样做也就不难理解。

▲ 一个带有圣亚历山大·涅夫斯基勋章图案的瓷瓶

佩戴

勋章颁发条例规定，出席隆重盛大的场合时，该勋章应以大绶方式佩戴，红色波纹绶带斜跨过左肩，挂章贴近大腿，星章佩戴在左胸，这时通常穿着一种领部比较窄的礼服，在其他场合则可以仅佩戴勋章星章。亚历山大·涅夫斯基勋章星章佩戴的位置要低于圣安德烈勋章星章，一级弗拉基米尔勋章星章，但高于其他勋章星章。

除了大绶方式，也可以使用一条窄一些的绶带将挂章挂在脖子上，这种佩戴方式应该仅用于宗教人士。

▲ 一套原盒钻石版圣亚历山大·涅夫斯基勋章。供图/Sincona

▲ 俄军上将（俄军上将是1716—1796年俄军将军军衔，相当于元帅衔）卡尔·叶菲莫维奇·西韦尔斯伯爵（Карл Ефимович Сиверс，1770—1774）画像，他佩戴着亚历山大·涅夫斯基勋章和圣安娜勋章

相关规定

亚历山大·涅夫斯基勋章是一种高级而且稀少的奖赏，按规定只有一到三级官级的官员才能获得。该勋章将授予所有圣安德烈勋章的获得者，如果这个人以前没有获得亚历山大·涅夫斯基勋章，将与圣安德烈勋章一起采用圣安德烈勋章绶带授予，这种情况在俄罗斯帝国并不常见。

亚历山大·涅夫斯基勋章的授予权完全属于沙皇，勋章颁授工作由勋章大臣主持，且完全处于沙皇的领导下。圣亚历山大·涅夫斯基勋章的授予仪式是在保存有亚历山大·涅夫斯基遗体的亚历山大·涅夫斯基修道院圣三一大教堂举行。1797年8月25日，沙皇发布命令，确立亚历山大·涅夫斯基勋章的勋章日是每年的8月30日，这一天勋章的低级获得者们与护送队伍一起在圣彼得堡从喀山圣母教堂游行进入亚历山大·涅夫斯基修道院。勋章获得者死后，其亲人会被要求把所有勋章返还给勋章大臣。

根据保罗一世沙皇1797年的法令，圣亚历山大·涅夫斯基勋章获得者必须承担下列职责：1. 监督和照料莫斯科和圣彼得堡的教育建筑；2. 管理和维护莫斯科残疾人房屋和叶卡捷琳娜医院；3. 在两个首都内设立穷人收容机构；4. 维护与监督所有照料弱者和贫困人员的慈善机构。保罗一世为此还设立

勋服

根据1797年勋章条例的规定，勋服由如下服饰组成：一条带有银色锦缎领的红色天鹅绒长斗篷，衬里为白色塔夫绸，左侧是比正常尺寸稍大的星章；类似圣安德烈勋章的一条银色锦缎大背心；一顶插有红色和白色羽毛的黑色天鹅绒帽子，上面带有采用优等红色绶带绣制的交叉十字星。

▲ 1797年亚历山大·涅夫斯基勋章勋服

▲ 1797年亚历山大·涅夫斯基勋章秘书制服

▲ 1797年亚历山大·涅夫斯基勋章承宣官制服

▲ 20世纪初的圣三一教堂照片

◀ 圣彼得堡亚历山大·涅夫斯基修道院圣三一大教堂，该教堂于1719年起进行施工准备工作，1722年6月开始施工，后工程因沉陷建筑出现裂缝而中止。1763年教堂进行重新设计，1776年2月叶卡捷琳娜二世批准了新的建筑设计方案，该教堂于1786年竣工。圣三一教堂是亚历山大·涅夫斯基修道院中教堂建筑群里的中心部分，教堂以典雅的古典主义建筑风格修建而成，建筑体柱式的门廊，两侧的钟塔及装饰教堂外貌的浮雕，半露柱等各种艺术设计，均出自于名设计师伊凡·司塔涅夫之手。教堂的正面入口矗立着六条罗马陶力克型柱，内部分为三个大殿

▲ 1778—1790年的圣彼得堡亚历山大·涅夫斯基修道院圣三一大教堂

了一个由六名圣亚历山大·涅夫斯基勋章获得者组成的特别委员会，委员会委员每4年进行更换。

从1797年10月27日开始，每一位新勋章获得者在被授予勋章后会被要求一次性捐款200卢布给慈善机构。直到1840年，捐款都收取现金钞票，之后才改为卢布银。1860年，经亚历山大二世批准，缴款金额提高到600卢布，获得佩剑勋章的获得者要再多缴纳200卢布，这个标准一直保持到1917年。这里可以做个比较，在1870年少将的年薪是1110卢布，中尉是340卢布。缴款数额不分富贵贫贱，所有勋章获得者都需要缴纳。这笔款项中280卢布会留下来交给亚历山大伤残委员会（Александровского комитета о раненых）支配，这个委员会存于1814年至1918年，是一个位于圣彼得堡的慈善机构，用来帮助俄罗斯帝国伤残军人以及伤亡军人的家属。根据1797年勋章条例，保罗一世还设立了一项养老金的规定，24名圣亚历山大·涅夫斯基勋章获得者，其中包括5名神职人员，可以领

▶ 圣彼得堡皇家陶瓷厂1910年制造的亚历山大·涅夫斯基勋章餐盘，尺寸为23.6厘米

取特别养老金。同时还设立了勋章"指挥官"，在当时老资格的勋章获得者可以享受分配给勋章的村庄收入。6名最重要的高级成员每人有权获得600名农奴人口的收入（不包括农民的个人现有财产），其次8名勋章获得者每人可获得500名农奴人口的劳动收入，最后第三级10名获得者每人可得400名农奴人口的劳动收入，每组都留下一定数额分配给神职人员。亚历山大一世则规定"指挥官"勋章获得者总额的一半收入用于慈善机构。从1825年开始，更改了勋章获得者"指挥官"的待遇，设立了两种养老金，分别是700和500卢布。事实上，保罗在统治期间制定的许多死板规定大都在他死后被推翻，但所有关于勋章的创新规定在后来都保留了下来。

　　虽然在理论上亚历山大·涅夫斯基勋章只有一个级别，但在勋章获得者记录其获得勋章的履历卡登记中却出现了四个种类，分别是没有佩剑的授予民事功绩的亚历山大·涅夫斯基勋章、佩剑亚历山大·涅夫斯基勋章、钻石亚历山大·涅夫斯基勋章、钻石佩剑亚历山大·涅夫斯基勋章。

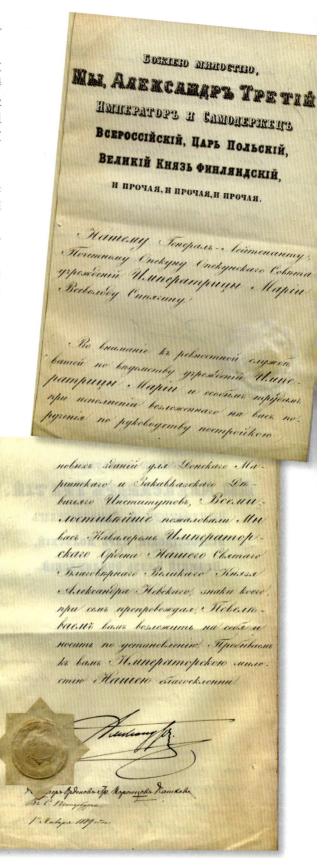

▲ 保罗一世的圣亚历山大·涅夫斯基勋章授予证书

▶ 亚历山大三世的圣亚历山大·涅夫斯基勋章授予证书

颁发

前文交代过，亚历山大·涅夫斯基勋章虽由彼得大帝计划设立，但他并没来得及颁发一枚就驾崩了。第一批亚历山大·涅夫斯基勋章由叶卡捷琳娜一世颁发，1725年5月21日授予了首批19人，这些人参加了彼得一世的女儿安娜在圣彼得堡举行的婚礼。我们会在俄罗斯帝国奖赏中发现以这位公主名字命名的勋章，也就是俄罗斯帝国另一种重要的勋章——圣安娜勋章。这19人当中有1位公爵夫人纳雷什金（Анны С. К. Нарышкин）、4位公爵大臣，其余都是拥有军衔的陆军和海军官员，包括中将博恩（Г. И. Бонн）、军需总监戈洛温（И. М. Головин），还有切尔内绍夫、沃尔科夫（М. Я. Волков）、乌沙科夫、德米特里耶夫-马莫诺夫（И. И. Дмитриев-Мамонов）、尤苏波夫（Г. Д. Юсупов）、萨尔特科夫（С. А. Салтыков）等7名少将，以及西韦尔斯（А. И. Сиверс）等2名海军中将、海军少将谢尼亚温（Н. А. Сенявин）。这其中只有1名准将伊万·利哈廖夫（Иван Лихарев）的官职等级是五级，其余的都是更高级官员。对自己女儿的婚礼，女皇当然相当高兴，对相关人员大加奖赏。

1725年6月22日，彼得的战友，堂兄弟马秋什金中将（М. А. Матюшкин，1676—1737）获得了亚历山大·涅夫斯基勋章。马秋什金1722年5月与彼得一世一同参加了波斯远征，并在彼得率主力撤离后任留下部队的指挥，于1723年7月28日攻占了巴库并被沙皇晋升为中将。1725年在获得彼得去世的消息后，他号啕大哭泪流满面并晕了过去，许多天也没有吃东西。叶卡捷琳娜一世向马秋什金颁授亚历山大·涅夫斯基勋章是想肯定他的战绩，后者在驻地收到了从圣彼得堡发给他的勋章。马秋什金后来在1727年晋升上将，于1730—1731年担任基辅总督直到退休。

1725年8月30日在亚历山大·涅夫斯基勋章日这一天，叶卡捷琳娜一世进行了该勋章史上的第二次大规模颁发，除了自己的那枚勋章外一共向21人颁授了亚历山大·涅夫斯基勋章，其中大部分人已经获得圣安德烈勋章。获得者当中有俄罗斯大臣戈洛文（Г. И. Головин）、元帅缅希科夫，以及戈利岑（М. М. Голицын）、列普宁（А. И. Репнин）、炮兵总监布留斯（Я. В. Брюс），获得者中的俄罗斯人都是军事和民事的高官显贵。这里需要介绍一下阿尼基塔·伊万诺维奇·列普宁（1668—1726），他是彼得一世的老战友，参加过北方战争，1724年晋升为陆军元帅。列普宁也曾卷入彼得大帝去世后的皇位争夺战，当时他任利夫兰总督兼任陆军院院长。像许多贵族一样，他最初支持拥立彼得孙子小彼得为皇帝，后来转变观点同意叶卡捷琳娜一世登基，他也因此获得了亚历山大·涅夫斯基勋章。8月30日当天的获勋者中有荷尔

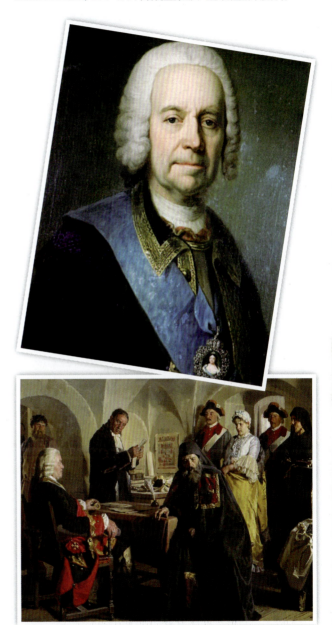

▼ 彼得一世的战友安德烈·伊万诺维奇·乌沙科夫伯爵（Андрей Иванович Ушаков，1672—1747），首批亚历山大·涅夫斯基勋章获得者

▲ 表现乌沙科夫正在审讯的绘画，画中他佩戴着亚历山大·涅夫斯基勋章

斯泰因-哥塔公国首相赫宁·弗里德里希·冯·巴塞维茨（1680—1749），他在5月21日安娜婚礼当天从叶卡捷琳娜一世手中获得了圣安德烈勋章。在这天获勋的外国人中还有波兰国王奥古斯特二世，他早在1712年11月30日就获得了圣安德烈勋章。

这批勋章获得者没有一位军衔低于少将。从此，

勋章获得者军衔不低于中将或者对应文职的枢密官成为亚历山大·涅夫斯基勋章颁发的一项规定。需要注意的是，沙皇保罗一世时期，该勋章获得者中有超过60人是少将军衔或者对应的文职官员。从1725年8月30日起，圣亚历山大·涅夫斯基勋章成为俄罗斯帝国授予外国人，以及皇后和皇帝子女的首选传统勋章，对于俄罗斯人来说也是首先奖励的传统勋章。圣亚历山大·涅夫斯基勋章也曾授予集体，1727—1730年御前近卫军普列奥拉任斯科耶禁卫团团旗上就带有圣亚历山大·涅夫斯基勋章。

1725—1727年叶卡捷琳娜一世统治时期，除了她自己的那一枚，总计颁发了63枚亚历山大·涅夫斯基勋章。后期执政的沙皇于1728年将勋章授予了著名格鲁吉亚作家卡特利（Картли），以及被土耳其和伊朗政权迫害而被逼移居俄罗斯的政治活动家瓦克唐。叶卡捷琳娜一世去世后彼得二世在位时间很短。后来安娜女皇执政，于1730—1740年在位，执政期间共颁发了76枚亚历山大·涅夫斯基勋章，包括1731年授予乌克兰左岸盖特曼阿波斯托尔，1731年授予两位拥有俄罗斯帝国中将军衔的格鲁吉亚王子，1734年授予巴尔卡尔（Балкар），1736年授予波兰国王和萨克森选帝侯奥古斯特三世。

安娜女皇授勋的人当中不得不提到她的情人，从库尔兰带来的臭名昭著的比龙。女皇赏赐了他许多荣誉和大量财富，包括1730年授予他亚历山大·涅夫斯基勋章和首席侍从的称号。比龙对安娜女皇有巨大的影响，曾被任命为摄政，他的两个兄弟也获得了这种高级勋章。在安娜统治末期，比龙变得傲慢而专横，飞扬跋扈不可一世，俄罗斯所有阶层都讨厌他。在安娜死后，伊丽莎白上台，比龙被流放到西伯利亚，他的个人巨额财产包括钻石勋章被没收。1740—1761年被流放22年后，比龙在1762年再次出现。具有德意志血统的彼得三世是普鲁士制度的狂热崇拜者，在他短命的执政期间，释放了前女皇流放的德意志贵族，他在圣彼得堡宫廷中召见了比龙，归还了勋章和奖章。1763年，叶卡捷琳娜女皇派军队护送他返回库尔兰重登公爵宝座，后来由他儿子彼得继承爵位。

伊丽莎白女皇于1741—1762年统治时期，授予了185枚亚历山大·涅夫斯基勋章。其中包括1743年授予普鲁士国王弗里德里希二世；1744年授予哈尔特-采尔布斯特公爵、普鲁士元帅凯斯蒂昂·奥古斯特，他是叶卡捷琳娜二世的父亲；1746年授予科学院院长拉祖莫夫斯基；1748年授予西韦尔斯（К.Е.Сивере）；1751年授予莫斯科大学创始人舒瓦洛夫；1758年授予格奥尔吉（Георгий）；著名将领鲁缅采夫（П. А. Румянцев）于1759年8月18日以中将军衔获勋；1760年8月30日著名的"黑人"军事工程师阿布拉姆·彼得罗维奇·汉尼拔（Абрам Петрович

▲ 亚历山大·伊万诺维奇·鲁缅采夫伯爵（Александр Иванович Румянцев，1680—1849），1726年1月6日被授予亚历山大·涅夫斯基勋章，1727年6月晋升中将，1730年11月返回莫斯科任命御前近卫普列奥布拉任斯科耶禁卫团中校（按俄国传统上校属于君主本人），1732年拒绝出任侍从委员会主席，这主要原因是他对德国人的厌恶，以及抗议宫廷的奢靡，他被剥夺了军衔、勋章和奖章并流放。1735年恢复中将军衔，后担任总督及部队指挥，1740年被任命为驻君士坦丁堡大使，1741年获得圣安德烈勋章，1742年5月在莫斯科参加了伊丽莎白女皇加冕典礼，收到了钻石鼻烟壶和35万卢布

▲ 莫斯科大学和美术学院创始人伊凡·伊凡诺维奇·舒瓦洛夫（Иван Иванович Шувалов，1727—1797），国务活动家，1760年副官长，深得伊丽莎白女皇的恩宠

Ганнибал）获得该勋章；同年著名教育家和社会活动家别茨科伊（И. И. Бецкой）获勋，他在俄罗斯创办了一些新型教育机构和慈善事业，并举办了俄罗斯首次艺术展。

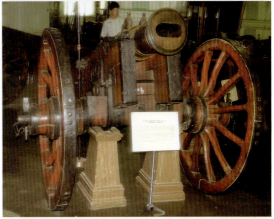

▲ 伊丽莎白女皇情人阿拉克谢·拉祖莫夫斯基的弟弟基里尔·格里高利耶维奇·拉祖莫夫斯基伯爵（Кирилл Григорьевич Разумовский，1728—1803），借助伊丽莎白女皇对他哥哥的宠爱飞黄腾达，1746年获亚历山大·涅夫斯基勋章，担任科学院院长超过半个世纪（1746—1798），虽没有战斗经验仍于1764年成为俄军元帅，在政变中作为谢缅诺夫斯基禁卫团上校率部队帮助叶卡捷琳娜二世上台。他获得过帝国勋章、圣安娜勋章、白鹰勋章和圣安德烈勋章

▲ 舒瓦洛夫伯爵主持研制的1573年式机密榴弹炮，其秘密就在于呈椭圆形的炮口，以及渐扩式的炮膛，这样可以形成更好的霰弹效果。炮身为青铜制造，口径95×207毫米，炮身长1620毫米，炮重491公斤，现收藏于圣彼得堡炮兵博物馆

▲ 改革家和发明家彼得·伊万诺维奇·舒瓦洛夫伯爵（Пётр Иванович Шувалов，1711—1762）元帅，1741年参与宫廷政变，拥立伊丽莎白即位，1742年2月5日获圣安娜勋章，1742年4月25日获亚历山大·涅夫斯基勋章，1753年12月18日获圣安德烈勋章。在七年战争前夕参与了俄军改革，主持研制了几种火炮，其中包括独角兽炮

▶ 老切尔内绍夫的儿子，俄国元帅扎哈尔·格里戈里耶维奇·切尔内绍夫伯爵（Захар Григорьевич Чернышёв，1722—1784），1758年获亚历山大·涅夫斯基勋章，1762年9月27日获圣安德烈勋章，1782年9月22日获一级圣弗拉基米尔勋章

▲ 老切尔内绍夫的儿子，扎哈尔的哥哥，外交家、二等文官与枢密官切尔内绍夫伯爵（П. Г Чернышёв，1712—1773）后来也获得了亚历山大·涅夫斯基勋章和安德烈勋章，他在圣彼得堡去世后葬于亚历山大·涅夫斯基修道院

在女皇叶卡捷琳娜二世加冕的1762年6月28日当天，叶卡捷琳娜二世就自授圣安德烈勋章、亚历山大·涅夫斯基勋章和圣安娜勋章。在她1762—1796年执政时期，亚历山大·涅夫斯基勋章进行了其史上最大数量的颁发，总计达250枚！勋章获得者中有许多杰出的人物，也有叶卡捷琳娜二世的宠臣、情人和著名的军民官员。这其中杰出人物如1771年12月20日因在斯特洛维奇（Столовичах）取胜获得勋章的少将苏沃洛夫，就是日后那位赫赫有名的俄罗斯统帅。苏沃洛夫的父亲，瓦西里·伊万诺维奇·苏沃洛夫（В. И. Суворов）也曾以中将军衔获得圣亚历山大·涅夫斯基勋章，后来官至上将，担任过陆军院委员及枢密官等要职。1791年7月28日因对土耳其作战授予了后来

▲ 叶卡捷琳娜时代的外交官阿列克谢·米哈伊洛维奇·奥布列斯科夫（Алексея Михайловича Обрескова，1718—1787），二等文官，在职业生涯中获得了亚历山大·涅夫斯基勋章

▲ 海军上将费多尔·费多罗维奇·乌沙科夫（Фёдор Фёдорович Ушаков，1745—1817）。1745年2月24日出生于阿列克谢耶夫卡村（现今雅罗斯拉夫尔州雷宾斯克市）清寒的贵族家族，他父亲是近卫军普奥布拉任斯科耶禁卫团的一名退役军人。1766年乌沙科夫从海军武备学校毕业后，在波罗的海舰队服役，1769年调至顿河区舰队，参加了1768—1774年的俄土战争，1769年6月30晋升中尉，1772年底指挥通信舰"信使"号（Курьер）沿着克里米亚南部海岸在黑海巡航，1773年指挥装备16门炮的炮舰参加了击退土军在巴拉克拉瓦的登陆行动。1775年任护航舰舰长后，参加了一些护航行动，之后被任命为皇家游艇艇长，但很快转为指挥战舰，1780—1782年任战列舰"维克托"号（Виктор）舰长，加入在地中海实行"武装中立"政策的舰队。1783年他调到了黑海舰队，参加了在赫尔松督造战舰，以及塞瓦斯托波尔基地建设工作。他的第一枚勋章，四级弗拉基米尔勋章于1785年因在赫尔松成功防治鼠疫而获得。在1788—1791俄土战争之初，他担任"圣保罗"号（Святой Павел）战列舰舰长和黑海舰队的前卫。在这场战争中，他认真研究发展了帆篷舰队的战术，大胆创新，创立了以火力与机动巧妙结合的机动战术。他能快速评估不同的战场环境，准确计算出所有成功因素并猛烈进攻，可以说是俄罗斯海军战术学校的创始人

▲ 西班牙贵族血统的俄罗斯军事和国务活动家，领导修建敖德萨港口和敖德萨城市的奥西普·米哈伊洛维奇·德里巴斯（Осип МихайловичДерибас，1751—1800），由于成功与土耳其谈判并签订和平协议于1792年3月18日获得亚历山大·涅夫斯基勋章

▲ 帮助叶卡捷琳娜二世上台的政变领导人之一格里戈里·格里戈里耶维奇·奥尔洛夫（1734—1783）。由于帮助女皇即位，在女皇加冕的1762年6月28日的当天，格里戈里由炮兵大尉直接越级升为少将，并同时获得亚历山大·涅夫斯基勋章中最高贵的钻石佩剑勋章，第二年又获得帝国最高等级勋章安德烈勋章，对自己的情人，女皇当然不会管什么勋章颁发规定了

的伟大元帅库图佐夫钻石勋章，1791年授予海军中将费多尔·乌沙科夫勋章，他于1798年获得钻石勋章，日后成为海军上将和杰出的统帅。民事的勋章的获得者当中有历史学与古代手稿收藏家的机密顾问穆辛－普希金等。

　　叶卡捷琳娜二世这位俄罗斯帝国史上有名的大帝在位时期，之所以将该勋章颁发那么多，在一定程度上也跟这位女皇的为人行事有关。她依靠发动政变推翻丈夫彼得三世上台，背后支持她登上皇位的阿列克谢·奥尔洛夫的五兄弟来头可不一般，他们出身于戎马世家，骁勇善战是家族传统，而且都是禁卫军下级军官，人称"五虎"。其中战斗英雄老二格里戈里是五兄弟中公认的美男子，成为当时太子妃的情人，这段恋情的传言在禁卫军各团中不胫而走，大多数人都为之感动和自豪，使叶卡捷琳娜获得了禁卫军的支持，成为帮助她夺权的重要力量。在即位后，女皇对参与政变的贵族论功行赏，除了奖给勋章，还分别赐予巨款，阿列克谢·奥尔洛夫得到2.4万卢布，格里戈里·奥尔洛夫得到5万卢布，奥尔洛夫其他三兄弟各1.2万卢布，叶卡捷琳娜·达什科娃得到2.4万卢布。除此之外，亚历山大·涅夫斯基勋章获得者当中不少都是叶卡捷琳娜二世面前的红人或情人，他们每个人都想利用皇帝的恩宠，为自己的亲属、朋友、兄弟捞取好处。

▲ 中将、副官长、叶卡捷琳娜二世的宠儿亚历山大·德米特里耶维奇·兰斯科伊（Александр ДмитриевичЛанской，1758—1784），1783年获得亚历山大·涅夫斯基勋章

▲ 海军上将阿列克谢·瑙莫维奇·谢尼亚温 (Алексей Наумович Сенявин)，1771年获亚历山大·涅夫斯基勋章，1794年获圣安德烈勋章

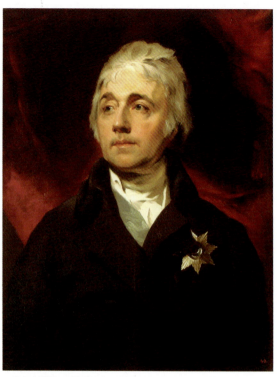

▲ 外交官谢苗·罗曼诺维奇·沃龙佐夫 (Семён Романович Воронцов，1744—1832)，1784—1806年任俄罗斯驻英大使，1786年9月22日获亚历山大·涅夫斯基勋章，1797年获圣安德烈勋章

▲ 舰队司令，国务活动家尼古拉·谢苗诺维奇·莫德尔维诺夫 (Николай Семёнович Мордвинов，1754—1845)，1792年11月24日获得亚历山大·涅夫斯基勋章，1823年获安德烈勋章

　　还有一位勋章获得者是波将金。当叶卡捷琳娜穿上军装，骑上白马，准备亲率禁卫军去逮捕彼得时，她拨出佩剑发现没有剑穗。这时当时长得还算英俊的波将金是一名22岁的禁卫军下级军官，他跑过去把自己佩剑的穗子解下来，给这位将来的女皇的佩剑系上，后来女皇对政变有功之臣封赏的时候他得到了提拔和1万卢布。波将金后来成为女皇的情人、参谋、大元帅与秘密丈夫。其他陪伴女皇的男宠，也会升官发财收获包括勋章在内不菲的赏赐，包括女皇情人普拉东·祖博夫 (Платон Зубов) 的兄弟孩子等。因为与女皇的情人关系而获得圣亚历山大·涅夫斯基勋章的人员名单可以列出一长串，获得勋章也成为这些人显示与女皇关系的政治资本。除此之外也有不少为其统治建立功勋的人员获得勋章，包括臭名远扬的莫斯科警察总长阿尔哈罗夫 (Н. П. Архарова)，他在1785年获授勋章。这位总长无法无天，带着手下那些恶棍警察将莫斯科祸乱得乌烟瘴气。

　　在18世纪的一百年间，尤其是在18世纪上半叶，经常有勋章被剥夺的现象，这通常伴随着政变。而有时这些勋章荣誉又会重新得以恢复，因为这些人又成为新权力的追随者。这些事件也成为俄罗斯帝国史中

▲ 伊万·帕夫洛维奇·库泰索夫（Иван Павлович Кутайсов，1759—1834）伯爵，保罗一世身边的仆从和红人，获得过圣安德烈勋章、亚历山大·涅夫斯基勋章、圣约翰·耶路撒冷勋章、一级圣安娜勋章等

▲ 俄罗斯著名军事人物，获得保罗一世和亚历山大一世巨大信任的阿列克谢·安德烈耶维奇·阿拉克切耶夫（Алексей Андреевич Аракчеев，1769—1834），1807年任炮兵上将，1808—1810年担任陆军大臣，1812年任皇帝帝办公厅主任，在拿破仑战争中担任沙皇亚历山大一世的军事顾问，1817年任军屯总监，以警察式的专横方式推行极端反动的政策，27岁就获得了亚历山大·涅夫斯基勋章

的不祥之兆，也导致了俄罗斯帝国勋章颁发情况的混乱不清。因为新的掌权政治势力变化的关系，某些人员的命运也发生了翻转。例如前面提到的亚历山大·伊万诺维奇·鲁缅采夫，他的父亲就是陆军元帅鲁缅采夫（П. А. Румянцев），1726年他以少将军衔获得亚历山大·涅夫斯基勋章，安娜女皇在位时剥夺了他这一荣誉，1735年他又以中将军衔再一次获得亚历山大·涅夫斯基勋章，类似他这种情况的，在俄罗斯帝国还有许多。

1796—1801年在位的保罗一世在1797年4月5日他的加冕典礼上佩戴的是钻石勋章。在庆典期间，保罗一世共颁发了23枚勋章，其中2枚是钻石勋章。同样在4月5日，保罗正式确立了俄罗斯帝国四种勋章的等级顺序，依次是圣安德烈勋章、圣叶卡捷琳娜勋章、亚历山大·涅夫斯基勋章和圣安娜勋章。保罗总计颁发了80枚左右的亚历山大·涅夫斯基勋章，包括1796年授予国家司库瓦西里耶夫，后来他成为首任财政大臣，1796年11月14日授予库拉金，还曾授予俄罗斯帝国困难时期的国务秘书、俄罗斯科学院成员、作家及国务活动家亚历山大·谢苗诺夫斯科（Александр Семенович）等。

在亚历山大一世统治期间，对勋章获得者的资格条件提出了更高的要求，少将和对应官级的民事官员获得圣亚历山大·涅夫斯基勋章的几乎没有。在1801年9月15日的加冕典礼期间，他共颁发了8枚勋章，获得者中有枢密官，著名的诗人杰尔扎温。在19世纪前期，也就是1825年以前的25年时间里，亚历山大·涅夫斯基勋章总计颁发了超过330枚，其中最突出的是跟1812年卫国战争功勋有关。在1812—1814年卫国战争时期，总计颁发了超过50枚，其中包括17枚钻石勋章（注：也有资料给出是共颁发48枚，包括14枚钻石版勋章），有5枚因为博罗季诺战役中的军功授予。获得亚历山大·涅夫斯基勋章的卫国战争英雄当中，有在卫国战争时任军长的步兵上将赫图罗夫，他率部在博罗季诺交战中的一场战斗中起了决定性的作用；中将有奥斯特曼-托尔斯泰、拉耶夫斯基以及巴格芙特；还有1812年8月26日获得钻石版勋章的步兵上将米洛拉多维奇。当然，在卫国战争时期担任将军的许多人物后来也纷纷因军功获得了亚历山大·涅夫斯基勋章，如1824年授予托尔伯爵，1826年授予罗特步兵上将及维特伯爵等。

▲ 佩戴亚历山大·涅夫斯基勋章的俄罗斯诗人、国务活动家、枢密官、二等文官加布里埃尔·罗曼诺维奇·杰尔扎温（Гавриил Романович Державин, 1743—1816）

▲ 国务活动家、古文献学家、历史学家、俄罗斯古代手稿收藏家，俄罗斯科学院院士，1793年任二等文官的穆辛-普希金（А. И. Мусин-Пушкин）

▲ 俄罗斯作家、国务活动家和海军上将亚历山大·谢苗诺维奇·史科瓦（Александр Семёнович Шишков, 1754—1841）

▲ 中将卡尔·费多罗维奇·巴格夫特（Карл Фёдорович Багговут, 1761—1812），在博罗季诺战役中指挥第2步兵军，并获得圣亚历山大·涅夫斯基勋章，但勋章和证书还没递交到他手中他就于1812年10月18日在战斗中被敌军炮弹击中阵亡了，这幅肖像画中佩戴的勋章是由艺术家虚构上去的

▲ 尼古拉·尼古拉耶维奇·拉耶夫斯基 (Николай Николаевич Раевский, 1771—1829)，1813年晋升为骑兵上将，1812年卫国战争英雄，于1812年8月26日获得亚历山大·涅夫斯基勋章。这幅保存在冬宫军事画廊的肖像画中，拉耶夫斯基穿着1814年式制服和大衣。在左胸戴银质卫国战争奖章和奥地利三级玛丽亚·特蕾西亚军事勋章。胸部佩戴亚历山大·涅夫斯基勋章、二级圣格奥尔基勋章和一级圣弗拉基米尔大公勋章，脖子下挂着二级圣格奥尔基勋章

▲ 德米特里·谢尔盖耶维奇·多赫图罗夫 (Дмитрий Сергеевич Дохтуров)，1810年晋升为步兵上将，1812年卫国战争英雄，于1812年获钻石版亚历山大·涅夫斯基勋章。这幅保存在冬宫军事画廊的肖像画由画家乔治·多乌绘制。多赫图罗夫身着1817年式制服，但他实际上在1816年就去世了。在他的左胸佩着银质1812年卫国战争奖章，以及亚历山大·涅夫斯基勋章、二级圣格奥尔基勋章、一级圣弗拉基米尔大公勋章星章，脖子下挂着二级格奥尔基勋章

▲ 亚历山大·伊万诺维奇·奥斯特曼-托尔斯泰 (Александр Иванович Остерман-Толстой, 1771—1857)，1817年晋升为俄军上将，1812年卫国战争英雄。这幅由画家乔治·多乌绘制保存在冬宫军事画廊的肖像画中，托尔斯泰穿着军大衣，脖子下面佩戴着二级圣格奥尔基勋章。托尔斯泰于1812年获亚历山大·涅夫斯基勋章，1813年获钻石勋章

▲ 1812年卫国战争英雄彼得·彼得罗维奇·科诺夫尼琴 (Пётр Петрович Коновницын, 1764—1822)，在1812年卫国战争中担任第3师师长，因战功于1812年11月2日获得亚历山大·涅夫斯基勋章，1813年1月起任军长，1817年1月1日获钻石勋章，1817年12月晋升步兵上将，1815至1819年任陆军大臣

▲ 尼古拉·阿列克谢耶维奇·图奇科夫（Николай Алексеевич Тучков, 1761—1812），俄罗斯著名的图奇科夫五兄弟之一，在1812年卫国战争时期任第3军军长，参加过多次战役，在博罗季诺战役中，于8月26日晨带领部队反击时被子弹击中胸部后伤重而亡。在这幅保存于冬宫军事画廊的肖像画中，图奇科夫着1817年式制服，左胸佩戴着银质1812年卫国战争纪念奖章，其他勋章有亚历山大·涅夫斯基勋章和二级圣弗拉基米尔大公勋章星章。在他的脖子下面佩戴着三级圣格奥尔基勋章，以及二级圣弗拉基米尔大公勋章和普鲁士的二级红鹰勋章

▲ 1826年晋升步兵上将的卡尔·费奥多罗维奇·托尔伯爵（Карл Фёдорович Толь, 1777—1842），1812年卫国战争时担任军需总监，1824年9月3日获亚历山大·涅夫斯基勋章，1826年1月28日获该勋章钻石勋章，1831年9月11日获圣安德烈勋章

▲ 步兵上将阿列克谢·格里高利耶维奇·谢尔巴托夫公爵（Алексей Григорьевич Щербатов, 1776—1848），1813年获亚历山大·涅夫斯基勋章，1843年获圣安德烈勋章

▲ 俄罗斯社会和国务活动家，改革家米哈伊尔·米哈伊洛维奇·斯佩兰斯基伯爵（Михаил Михайлович Сперанский, 1772—1839），1827年7月8日获得亚历山大·涅夫斯基勋章，他也被称为俄国自由主义之父

▲ 三等文官帕维尔·斯捷潘诺维奇·乌里奇（Павел Степанович Рунич, 1747—1825），1797—1802年弗拉基米尔省总督，1802—1804年维亚特卡省总督

▲ 帕夫拉·彼得罗维奇·梅利尼科夫（Павла Петровича Мельников，1804—1880），1865—1869年首任交通大臣

▲ 亚历山大·谢尔盖耶维奇·缅希科夫（Александр Сергеевич Меншиков，1787—1869），侍从将军，于1829年获得亚历山大·涅夫斯基勋章，1833年晋升海军上将，1839年获圣安德烈勋章，后获钻石勋章

▲ 航海家和地理学家、海军上将费奥多尔·彼得罗维奇·利特克（Фёдор Петрович Литке，1797—1882），1852年获得亚历山大·涅夫斯基勋章，1858年获钻石勋章，1870年获圣安德烈勋章，1876年获钻石勋章，这幅肖像画创作于1854年

在18世纪到19世纪初期，许多亚历山大·涅夫斯基勋章获得者先获得普通版勋章，再获得钻石装饰，例如1865—1891年的莫斯科总督多尔戈鲁科夫公爵，1864年获得普通版本的勋章，1866年获得钻石勋章。

自1825年到19世纪末，亚历山大·涅夫斯基勋章因为俄罗斯参与不同的战争与武装冲突而进行了大量的颁发，超过了一千枚，远远多于其自1725年设立以来一百年的颁发量，并成为一种传统的军事奖赏。比如在1828—1829年俄土战争中，授予在战争中担任炮兵主任的炮兵上将莱文斯特恩钻石亚历山大·涅夫斯基勋章，因攻占舒姆拉要塞授予中将马达托夫勋章，1829授予海军上将缅希科夫该勋章。因1831年波兰战争，授予参加华沙突击的将军纳博科夫钻石勋章，1844年授予步兵上将利德斯勋章。因1849年匈牙利战争，授予后来的步兵上将别布托夫勋章，授予骑兵上将迈恩多夫（Ф. Е. Мейендорфу）钻石佩剑亚历山大·涅夫斯基勋章，1854年授予步兵上将阿穆拉维约夫-阿穆尔斯基伯爵勋章等。

到了19世纪末，亚历山大·涅夫斯基勋章又成了达官显贵的传统奖赏，这在列宾的画作中就有所表现。在国务院会议室里，许多文职官员、军事和

法院的大人们在左肩都披着亚历山大·涅夫斯基勋章的红色绶带。作为俄罗斯帝国高级勋章，获得者当中当然也包括了大量的俄罗斯知名人物，例如获得圣安德烈勋章的天山斯基，他于1881年就获得亚历山大·涅夫斯基勋章，并于1900年获得钻石勋章。

▲ 列宾1903年群像画《国务会议》，表现了1901年5月5日国务会议成立100周年纪念日的场景。为完成这幅油画，列宾预先为包括沙皇尼古拉二世在内的近八十个官员做了很多写生肖像习作

▲ 国务活动家、历史学家、考古学家、艺术家亚历克斯·尼古拉耶维奇·奥列宁（Алексей Николаевич Оленин, 1814—1827），任国务秘书，后任国务委员，二等文官

▲ 步兵上将尼古拉·尼古拉耶维奇·—阿穆拉维约夫—阿穆尔斯基伯爵（Н. Н. Муравьев-Амурский），1847—1861年担任东西伯利亚总督，1854年2月6日获得亚历山大·涅夫斯基勋章，1856年8月26日获钻石勋章，在侵占中国阿穆尔的历史中发挥了重要作用

▲ 佩戴亚历山大·涅夫斯基勋章的圣彼得堡和拉多加都主教安东尼奥（Антония）

◄ 国务活动家彼得·谢苗诺维奇·万诺夫斯基（Петра Семеновича Ванновски, 1822—1904），1901—1902年任教育大臣，1883年获亚历山大·涅夫斯基勋章，1886年获钻石勋章

▲ 步兵上将赫里斯托福·赫里斯托福维奇·罗普（Христофор Христофорович Рооп, 1831—1917），1888年8月30日获亚历山大·涅夫斯基勋章，1895年1月1日获钻石勋章

▲ 步兵上将阿列克谢·尼古拉耶维奇·库罗帕特金（Алексей Николаевич Куропаткин, 1848—1925），日俄战争期间的俄军远东陆军总司令，1896年获得亚历山大·涅夫斯基勋章，1904年获钻石勋章

▲ 步兵上将尼古拉·德米特里耶维奇·阿尔塔莫诺夫（Николай Дмитриевич Артамонов, 1840—1918），1904年12月6日获亚历山大·涅夫斯基勋章，1911年12月6日获该勋章钻石版

▲ 谢尔盖·尤利耶维奇·维特（Сергей Юльевич Витте, 1849—1915），1892—1902年担任财政大臣，1903年起担任国务委员会委员，1906年4月14日辞职并于4月16日获准退休，皇帝奖赏的诏书肯定了他的功绩，并授予他钻石版亚历山大·涅夫斯基勋章和丰厚的奖金，这枚勋章多少带有安慰性质

▲ 步兵上将安德烈·尼古拉耶维奇·谢利瓦诺夫（Андрей Николаевич Селиванов, 1847—1917），1915年1月10日获得佩剑亚历山大·涅夫斯基勋章

► 佩戴着亚历山大·涅夫斯基勋章的末代沙皇尼古拉二世

俄罗斯帝国时期各年代亚历山大·涅夫斯基勋章颁发情况汇总如下：1725—1727年颁发64枚，1727—1762年颁发300枚左右，1762—1797年颁发超过250枚，1796—1801年颁发80枚左右，1801—1825年颁发超过260枚，1812—1814年颁发48枚，其中14枚为钻石版勋章，1825—1900年颁发超过1500枚，1904—1905年颁发4枚，1916年此种勋章进行了单年度最大规模的颁发，一年中颁发了105枚，1916年最后一名勋章获得者是中将布拾拉（Бухарский），他是埃米尔赛义德·米尔·穆罕默德·阿利姆的随从官。

继承

虽然亚历山大·涅夫斯基勋章伴随着俄罗斯帝国的灭亡被废除，但在苏联卫国战争时期，它是唯一一种被恢复的俄罗斯帝国勋章。1942年7月29日，根据苏联最高苏维埃主席团的命令，设立了亚历山大·涅夫斯基勋章来表彰军官，新勋章中心图案就是圆形盾牌

内带有亚历山大·涅夫斯基勋章头像和俄文的"亚历山大·涅夫斯基"，该勋章一直颁发到1991年苏联解体，共颁发42165枚，其中1473枚授予集体。

在苏联解体后，亚历山大·涅夫斯基勋章并没有保存在俄罗斯联邦国家奖赏体系内。2010年9月7日，时任俄罗斯总统梅德韦杰夫签署了第1099号《关于采取措施改进俄罗斯联邦国家奖励制度》的总统令，确立了亚历山大·涅夫斯基勋章对应的条例和说明，根据这个命令，圣亚历山大·涅夫斯基勋章作为一种普通的民事奖励，其勋章重新恢复了以前俄罗斯帝国的设计样式。恢复的勋章授予担任公职的俄罗斯联邦公民，表彰为祖国服务建立的功绩，在不同行业，包括科研、社会文化、教育和其他社会服务方面取得很高个人成就的俄罗斯公民，以及外国政要和社会活动家，同俄罗斯联开展多边合作、为其经济社会发展提供帮助的外国企业代表等。圣亚历山大·涅夫斯基勋章成为俄罗斯帝国—苏联—俄罗斯联邦三个时代存续的唯一一种勋章，至今依然在延续着生命。

◀ 俄罗斯联邦发行的亚历山大·涅夫斯基勋章邮票

◀ 2015年12月10日，俄罗斯总统普京向歌剧演员德米特里·霍沃罗斯托夫斯基颁发亚历山大·涅夫斯基勋章

袖挟尊荣

第三帝国军事袖标鉴赏（下）

【第一部分】

Ärmelband im Dritte Reich

作者：谢亮

武装党卫军袖标

在第三帝国的所有组织中，没有一个组织的袖标使用范围能得上海因里希·希姆莱的党卫队。按严格的军事袖标定义，只有武装党卫军和党卫军特别机动部队的袖标才符合本文叙述的范围。但二战期间，希姆莱下令普通党卫队组织也可以身着原野灰制服、个人配发士兵证。因此，除了武装党卫军和党卫军特别机动部队，诸如具有后勤、训练和指挥职能的组织可以佩戴军事性质的袖标。髑髅部队（Totenkopfverbände）和行刑队则归为政治组织和准军事组织，佩戴的袖标也带有军事性质。

武装党卫军袖标与陆军不同，其标准化程度相当高。除极个别的外，袖标采用黑色底板布，文字采用银色、银灰色和灰色的丝线，"俄罗斯丝带"镶边采用统一颜色。

尽管有不同的变型，但大多数战时生产的武装党卫军袖标的文字采用拉丁字体，党卫军特别机动部队袖标文字采用哥特体，极少数袖标文字采用苏特林体。尽管外观上达到了统一，但相较于其他组织来说武装党卫军袖标种类繁多，样式也繁杂。

从其生产工艺上，武装党卫军的袖标可以分为以下几种类型。

RZM型

大规模生产的第一版的袖标被称为RZM型（Reichszeugmeisterei，缩写为RZM，即国家物资管理局，是纳粹德国军需和国家物资管理机构，位于德国慕尼黑）。该型袖标采用黑色的人造纤维底板布制作，通常宽2.8厘米。距袖标上下边缘1～2毫米处各有一条与袖标同长、2毫米宽的"俄罗斯丝带"镶边，镶边材质通常采用铝线，也有的采用银灰色棉线和人造丝线。铝线材质镶边通常由七股铝线编制而成（实际上采用的是铝包裹的棉线芯）。该型袖标通常长39厘米，但佩戴在制服上时会被切割为相应尺寸。银灰色丝线文字在袖标背面呈"镜像"显示。

RZM型军官版与士官/士兵版样式基本相同，都是采用黑色人造纤维底板布制作，宽2.8厘米，铝线材质的"俄罗斯丝带"镶边由七股铝线编制而成。军官版的文字采用高质量铝线手工刺绣。为了保护刺绣，袖标对应文字部分的背后有一块黑色亚麻布衬底。

在1934年10月之前发授的袖标，士兵和士官使用的是银灰色丝线机器刺绣，而军官使用的是铝线手工刺绣。随后该标准有所改变，允许士兵和士官使用军官样式袖标。田野灰制服设立后，机器刺绣的银灰色丝线再次被使用，这种银灰色丝线通常褪色为灰白色。有许多图片证明军官样式袖标被士官和士兵在外出礼服和野战服上广泛使用。同样，士兵和士官样式袖标也大量被军官使用，最为主要的是佩戴在野战服上。

即使在设立了更为便宜的"扁平丝线"机织袖标后，许多军官直到战争结束仍是自费购买铝线手工刺绣版袖标。

"扁平丝线"机织型

1939年，作为节约成本的措施，铝线手工刺绣版工艺被铝线机器缝制工艺所取代。该型袖标有两个版本。早期版本背面除文字区域有保护性黑布外，背面其他部分呈现出独特斑点。后期版本（大部分是战时版本）背面文字区域也有保护性黑布，背面其他部分为黑色。

BeVo机织型

1943年，大部分的武装党卫军袖标都采用机织方法制作。早期的RZM型袖标的制作需要两个工艺阶段。首先将100～1000米长的黑色人造纤维底板缝制上银灰色丝线或铝线的"俄罗斯丝带"镶边，然后制成单个个体再缝制上文字。

新样式机织袖标只需要一个工艺阶段，节约了成本。袖标在提花呢织布机上编织，"俄罗斯丝带"镶边和文字丝线采用机织方式编织在黑色底板上。这就是BeVo机织型袖标。

BeVo是生产厂家Bandfabrik Ewald Vorsteher的简写，通常被机织在袖标的一端。BeVo机织型袖标通常采用黑色底板布，文字采用浅灰色人造丝线缝制。上下边缘的"俄罗斯丝带"镶边与袖标同长。文字采用的浅灰色人造丝线在未发行样品上呈现独特的蓝色色调。而对于已经使用的样品，这种蓝色会逐渐消失，最终文字呈现浅灰色或白色。

BeVo机织型袖标的背面呈现出独特斑点。背面的文字与正面成镜像，每个字母周边都有松散的线头。

▲ 当时BeVo厂的广告

类似BeVo机织型

少量的武装党卫军袖标采用了类似BeVo机织的工艺。袖标的材质及"俄罗斯丝带"镶边与RZM型类似，只是采用了更加柔软的黑色人造丝底板布。"俄罗斯丝带"镶边的材质采用银灰色丝线或铝线。当采用铝线时，编织成五股的是"德鲁伊特"袖标，六股的是"霍斯特·威塞尔"装甲掷弹袖标，七股的是"维京"装甲师袖标和"斯坎德培"山地师袖标。

袖标背面与BeVo机织型袖标非常类似，都呈现出独特斑点，背面文字部位有大量松散的线头。需要注意的是，通过比较发现该型袖标也有较为独特的文字。比如该型的党卫军战地宪兵袖标（SS-Feldgendarmerie）和"维京"装甲师袖标中的字母"g"与RZM型及BeVo机织型一致。

机器编织型

采用此种工艺的武装党卫军袖标数量不多，银灰色的文字和"俄罗斯丝带"镶边采用人造丝线材质，缝制在黑色底板布上。需要注意的是"丹麦"装甲掷弹团、"希特勒青年团"装甲师和"挪威"装甲掷弹团袖标的"俄罗斯丝带"镶边为六股编织而成。

袖标背面为黑色，无明显特征，只有正面文字和"俄罗斯丝带"镶边在背面形成的"重影"图案。其效果类似于海军水手帽帽徽缎带的背面。

其他类型

党卫军特别机动部队和武装党卫军袖标基本上采用了前面所述的几种工艺，然后还有相当一部分武装党卫军/党卫队袖标采用了其他工艺。袖标的生产往往是承包给当地厂家，其质量得不到有效监管。实际上，"阿道夫·希特勒"警卫旗队师和"兰格马克"装甲掷弹师袖标也有质量粗劣的版本。另外，一些军官和士官获得了私人购买其部队袖标的权利。他们定制的袖标文字采用更加精良的哥特体和拉丁体。目前已知的有"帝国"装甲师、"维京"装甲师和"弗伦茨贝格"装甲师袖标。

虽然仿造者经常用"非官方版本"来掩盖与原品之间的细节差异，但是需要注意的是，其他类型确实存在。

党卫队特别机动部队

本文只介绍作为武装党卫军一部分继续服役的党卫队特别机动部队。诸如党卫队中央总局（SS-Hauptamt）这样的部门虽然早期由党卫队特别机动部队指挥，但是严格来说它并不属于党卫队特别机动部队/武装党卫军，因此这种部门的袖标会在以后介绍。

党卫队特别机动部队指挥部袖标

党卫队特别机动部队指挥部成立于1936年10月，该组织成员佩戴文字为"SS-Inspektion"的党卫队特别机动部队指挥部袖标。早期版本文字采用哥特体，后期版本的"SS"在1939年9月被修改为北欧文字样式。后期版本使用至1940年6月1日指挥部被并入武装党卫军总部。已知该袖标采用RZM型、RZM型手工刺绣军官型和"扁平丝线"机织型工艺。

◀ 佩戴"SS-Inspektion"袖标的党卫队旅队长于特纳

▲ "SS–Inspektion" 袖标

党卫队特别机动部队医疗营袖标

党卫队特别机动部队医疗营基地在柏林，受党卫队特别机动部队指挥部直接指挥。该组织成员佩戴文字为 "Sanitätsabteilung" 的党卫队特别机动部队医疗营袖标。袖标采用RZM型工艺，文字为哥特体。普通党卫队医疗部队袖标与其十分相似，区别为文字采用连字符的 "Sanitäts-Abteilung"。

▲ "Sanitätsabteilung" 袖标

党卫队特别机动部队通信突击中队袖标

1935年3月，党卫队特别机动部队通信突击中队设立，其成员来自于党卫队特别机动部队的通信人员、国家通信学校和巴特特尔茨党卫队军官学校（SS-Junkerschule Bad Tölz）。党卫队特别机动部队通信突击中队的基地最初在柏林，后搬迁至威斯特法利亚州（Westphalia）翁纳县（Unna）。战争爆发时，该突击中队隶属于肯普夫装甲师。波兰战争后，该突击中队隶属于党卫队特别机动师（SS-Verfügungsdivision）并且作为军事部队继续为新的通信部队提供军官。

该突击中队人员佩戴文字为 "SS-Nachrichtensturmbann" 的党卫队特别机动部队通信突击中队袖标。该袖标非常稀少，文字 "SS" 采用北欧文字样式，文字 "Nachrichtensturmbann" 为哥特体。已知该袖标采用RZM手工刺绣军官型、RZM机器刺绣士兵型和 "扁平丝线" 机织型工艺。1939年9月之前，该袖标还有文字 "SS" 采用哥特体的变异版本。法国战役后，该袖标不再允许佩戴。

党卫队特别机动部队工兵突击中队袖标

1935年2月，党卫队特别机动部队工兵突击中队在德累斯顿设立。其战斗经历和通信突击中队非常相似，最终隶属于党卫队特别机动师，为武装党卫军未来的工兵营提供军官。德累斯顿在二战中一直作为党卫军工兵部队的基地。

该突击中队人员佩戴文字为 "SS-Pioniersturmbann" 的党卫队特别机动部队工兵突击中队袖标。文字 "SS" 采用北欧文字样式，文字 "Pioniersturmbann" 为哥特体。同样还有文字 "SS" 采用哥特体的变异版本。

▲ "SS–Pioniersturmbann" 袖标

▼ 非常罕见的佩戴"SS-Pioniersturmbann"袖标的照片

▼ "SS-Verwaltungsschule"袖标

党卫队特别机动部队纽伦堡突击中队袖标

1936年8-9月，来自警卫旗队和德意志旗队的志愿者组成了党卫队特别机动部队的一支旗队，基地在纽伦堡。该旗队为纽伦堡党代会提供警卫和安全防卫。1938年，该旗队被编入一支摩托车营（Kradschützenbataillon），1939年隶属于党卫队特别机动部队的一支装甲猎兵营。该突击中队袖标非常特殊，采用RZM型工艺，袖标上没有任何文字。

党卫队特别机动部队行政官员学校袖标

1935年，为党卫队行政部门培训官员的特殊学校在多瑙设立。一系列特殊的徽标也被设立——带哥特体大写"V"字的菱形臂章（Ärmelraute）、右领章右下角"V"字徽标和带文字"SS-Verwaltungsschule"的袖标。

党卫队特别机动部队行政官员学校袖标至少有三个版本。第一版使用至1939年，文字全部为哥特体；第二版设立于1939年，文字"SS"采用北欧文字样式，文字"Verwaltungsschule"为哥特体。第三版可能设立于1939年12月，文字"SS"采用北欧文字样式，文字"Verwaltungsschule"为拉丁体。

武装党卫军

党卫军指挥总部袖标

党卫军指挥总部设立于1940年8月15日。该组织接替了党卫队中央总局在武装党卫军的职责。该组织成员还可以佩戴诸如党卫队中央总局袖标和党卫队全国指挥部袖标。

1940年5月，文字为"Reichsführung-SS"的袖标被设立，取代之前的组织袖标。文字"SS"采用北欧文字样式，文字"Reichsführung"为哥特体。袖标采用RZM机器刺绣士兵型、手工刺绣军官型和"扁平丝线"机织型工艺。

▲ "Reichsführung-SS"袖标。供图/Hermann Historica

▲ 马克斯·温舍和另外一名武装党卫军军官陪同迪特里希签署一份文件。这名军官佩戴有 "*Reichsführung–SS*" 袖标

战斗部队

党卫军第1 "阿道夫·希特勒警卫旗队" 装甲师袖标

党卫军第1 "阿道夫·希特勒警卫旗队" 装甲师成立和发展最早可以追溯到1933年3月17日，其前身为约瑟夫·迪特里希建立的柏林党卫队总部部队。这是一支专职保护纳粹党领袖阿道夫·希特勒人身安全，随时听候元首命令且只忠诚于希特勒的私人卫队。1933年5月，部队名称改为柏林党卫队特遣队，紧接着又改名为党卫队措森特遣队，同时成立了一支全新的部队——党卫队特博格特遣队。1939年9月，这两个组织合并统称为党卫队阿道夫·希特勒警卫旗队。1934年，党卫队全国领袖海因里希·希姆莱下令将其改名为阿道夫·希特勒党卫队警卫旗队。1934年10月，该部队实施摩托化改造和扩编，成为 "阿道夫·希特勒警卫旗队" 摩托化步兵团。

二战爆发后，警卫旗队参加了入侵波兰的行动，接下来相继参加了入侵法国和低地国家的战斗。1940年7月，希姆莱向当时驻扎在德国梅斯的警卫旗队颁发了写有希特勒

▲ 党卫军第1 "阿道夫·希特勒警卫旗队" 装甲师师徽

▲ *1937年1月30日阅兵式上，希特勒正在检阅警卫旗队师*

名字的军旗以示奖励。1940年9月在梅斯的阿尔文斯勒本要塞举行的一个庆祝仪式上，希姆莱向警卫旗队正式授予了经过修改的新军旗。警卫旗队在1941年参加了入侵南斯拉夫和希腊的行动，并成为德国第一支攻入南斯拉夫的部队。1942年7月15日警卫旗队升级并重新命名为党卫队阿道夫·希特勒警卫旗队摩托化步兵师。同年10月22日，该师重新命名为党卫队"阿道夫·希特勒警卫旗队"装甲掷弹师。自从德军在库尔斯克的行动失败后，该师被调到了意大利从事反游击作战。此后该师以党卫军第1"阿道夫·希特勒警卫旗队"装甲师（1.SS-Panzer Division "Leibstandarte SS Adolf Hiter" 简称LSSAH师）的身份重新返回东线。

1944年6月起，LSSAH师相继在诺曼底地区作战且边打边向德国本土后撤。阿登反击失败后，该师重返东线，在匈牙利格兰地区的战

▲ *警卫旗队师的一辆虎式坦克及其乘员*

斗中遭受了重大损失。1945年3月14日，希特勒获悉"平湖"进攻行动失败后大为震怒，随即命令警卫旗队装甲师、"帝国"装甲师、"骷髅"装甲师和"霍亨施陶芬"装甲师将他们的荣誉袖标从制服上全部取下。5月7日在得知柏林已投降的消息后，最后一任师长奥托·库姆率领全师在奥地利向美军缴械投降。

1933年9月，该部队使用的第一版袖标设立了。袖标采用标准的RZM型，文字"Adolf Hiter"采用哥特体。士兵和士官版袖标采用银灰色的丝线机器刺绣，军官版的采用铝线手工刺绣。照片显示该型袖标被大量生产和佩戴，但是使用时间较短。最为著名的证明照片是希特勒在1937年视察该部队驻地里希特菲尔德兵营（Lichterfelde）时，迪特里希佩戴着文字为苏特林体的袖标，而站在显著位置的党卫队突击大队领袖依然佩戴的是哥特体袖标。因此可以推断苏特林体袖标从1934年开始使用。但是在1936年版的《纳粹党组织》一书中该袖标的字体还是哥特体。

该部队的第二版袖标的字体从哥特体变成了苏

▲ 哥特体"Adolf Hitler"袖标

▲ 佩戴苏特林体"Adolf Hitler"袖标的泽普·迪特里希

▲ 苏特林体"Adolf Hitler"袖标。供图/Hermann Historica

◀ 警卫旗队师最著名的指挥官之一库尔特·迈尔正在给赫尔曼·威瑟尔佩戴骑士十字勋章。请注意迈尔佩戴的苏特林体"Adolf Hitler"袖标

特林体。该型袖标短暂地同时采用了RZM士官机器刺绣和军官手工刺绣工艺，但时间是从1934年10月到1936年或者更晚，因此号称军官版可以被任何衔级使用。

手工刺绣版的变型采用了不同等级的金属丝线，最为常见的是高质量极细丝线，但也存在采用非常粗糙的金属丝线的情况。

1939年，"扁平丝线"机织型版本的袖标被设

▼ ► 佩有苏特林体 "*Adolf Hitler*" 袖标的一件装甲兵灰色夹克。供图/*Hermann Historica*

立。该型袖标被士兵和军官广泛地使用在外出礼服上。

警卫旗队装甲师袖标还存在"俄罗斯丝带"镶边采用扭曲丝线滚边的机器缝制和简陋的手工刺绣版本。

▲ 佩有苏特林体"*Adolf Hitler*"袖标和党卫队战地记者袖标的一名士兵

◀▼ 佩有苏特林体"*Adolf Hitler*"袖标的一件常服。供图/Hermann Historica

党卫军第2"帝国"装甲师袖标

"德意志"旗队由纯正雅利安人种的巴伐利亚党卫队警察部队发展而来，1933年成立，第二个"日耳曼"旗队在次年8月组建，第三个"元首"旗队也于1938年4月在维也纳组建。1939年10月，党卫队特别机动部队建立，下辖这三个旗队。1940年6月，党卫队特别机动师成立，同年该部队获得"大德意志"荣誉称号——党卫军"大德意志"师。为了避免和现有的"德意志"团混淆，该师1941年1月改名为党卫军"帝国"师（Reich），1942年5月改名为党卫军"帝国"师（Das Reich）。此后该师还被改编为党卫军"帝国"掷弹兵师，1944年1月该师最终改名为党卫军第2"帝国"装甲师（2.SS-Panzer Division "Das Reich"）。

1942年9月1日，该师所有成员（除了被授权佩戴团级袖标的人员）都可以佩戴文字为"Das Reich"的袖标（根据1942年9月1日的武装党卫军条令设立）。袖标采用RZM机器刺绣士兵型、RZM手工刺绣军官型和"扁平丝线"机织型工艺，1943年后全部采用BeVo机织型。

通过照片可以发现还有RZM机器刺绣士兵型袖标的文字采用的是哥特体并且有极少数人佩戴。

▲ 佩戴拉丁体 *Das Reich* 袖标的一名士兵

▲ 拉丁体 *Das Reich* 袖标。供图/*Hermann Historica*

▲ 隶属于帝国师的一辆虎式坦克

▲ 帝国师师徽

■ 党卫队第3 "德意志" 装甲掷弹团袖标

上文提到，党卫队特别机动部队第1旗队是 "德意志" 旗队，其荣誉称号是在1935年9月的纽伦堡集会上授予的，旗队的驻地在慕尼黑，后来经过了几次改编更名，最终在1943年10月被授予党卫队第3 "德意志" 装甲掷弹团（SS–Panzergrenadier Regiment 3 "Deutschland"）番号。

1935年11月，文字为哥特体 "Deutschland" 的袖标被设立，授予该旗队所有人员。袖标采用RZM型工艺，所有衔级的文字采用铝线手工刺绣。1936年，士兵和士官版的该版袖标采用银灰色丝线机器刺绣，从目前看到的袖标上附带RZM纸质标签来看，其时间应该在1938年。

1939年，袖标第二版被设立，采用早期 "扁平丝线" 机织型工艺，文字采用铝线机器缝制。

1939年12月，袖标上文字由哥特体改为拉丁体。袖标采用的工艺是RZM士兵机器刺绣型、RZM军官手工刺绣型和早期 "扁平丝线" 机织型工艺。该袖标没有采用BeVo机织型工艺的产品。

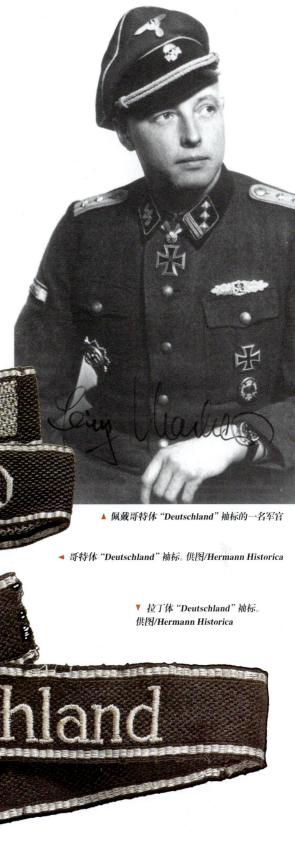

▲ 佩戴哥特体 "Deutschland" 袖标的一名军官

◀ 哥特体 "Deutschland" 袖标。供图/Hermann Historica

▼ 拉丁体 "Deutschland" 袖标。供图/Hermann Historica

▶▲ 佩有拉丁体"Deutschland"袖标的一件常服。
供图/Hermann Historica

■ 党卫队第9"日耳曼尼亚"装甲掷弹团袖标

　　"日耳曼尼亚"旗队在1934年8月成立，由汉堡政治预备队（Politische Bereitschaft "Hambrg"，后成为该团1营）发展而来。旗队后成为党卫队特别机动部队第2旗队，1936年纽伦堡集会上获得"日耳曼尼亚"荣誉称号。该旗队后成为党卫队特别机动师的一部直到1940年11月。在此之后，以该旗队组建了党卫军"日耳曼尼亚"摩托化师，也就是后来的党卫军第5"维京"装甲师。该旗队最终更名为党卫队第9"日耳曼尼亚"装甲掷弹团（SS-Panzergrenadier Regiment 9 "Germania"）。

▲ 哥特体"Germania"袖标。供图/Hermann Historica

袖标在获得荣誉称号后设立。早期袖标采用RZM工艺，军官版采用铝线手工刺绣；士兵和士官版采用银灰色纱线机器刺绣。1939年，"扁平丝线"机织型版袖标取代了手工刺绣版。

1939年12月，袖标上的文字由哥特体改为拉丁体。该型袖标采用RZM机器刺绣型、机器缝制和"扁平丝线"机织型工艺。

◀ 前线佩戴哥特体"Germania"袖标的士兵

▼ 拉丁体"Germania"袖标。供图/Hermann Historica

■ 党卫队第4"元首"装甲掷弹团袖标

"元首"旗队于1938年4月在维也纳组建，在1938年9月纽伦堡集会上获得荣誉称号并获得佩戴袖标的权利。该旗队一直作为党卫队特别机动师（后来的党卫军第2"帝国"装甲师）的一部参加战斗，1943年10月更名为党卫队第4"元首"装甲掷弹团（SS-Panzergrenadier Regiment 4 "Der Führer"）。

该旗队第一型袖标文字"Der Führer"采用哥特体，使用标准RZM工艺，士兵和士官版的袖标采用银灰色丝线机器刺绣，军官版采用铝线手工刺绣。

▲ 帝国师的一次授勋仪式。请注意中间的军官佩戴有哥特体"Der Führer"袖标

1939年，"扁平丝线"机织型工艺袖标取代了RZM型工艺。1939年12月，袖标上的文字由哥特体改为拉丁体。该型袖标采用RZM机器刺绣型、机器缝制和"扁平丝线"机织型工艺。

党卫队第3"德意志"装甲掷弹团袖标、党卫队第9"日耳曼尼亚"装甲掷弹团袖标和党卫队第4"元首"装甲掷弹团袖标上的文字最初采用的是哥特体。虽然官方在1939年将文字改为了拉丁体，但是部队大部分成员直到战争结束还是佩戴哥特体文字的袖标。

■ 党卫队第4"兰格马克"步兵团（摩托化）袖标

在"日耳曼尼亚"装甲掷弹团1940年被调离后，党卫队第11"髑髅"团取代了该团成为"帝国"师的一部。第11"髑髅"团在1941年11月1日解散，由党卫队第4步兵旗队（SS-Infanterie Standarte 4）取代。1942年4月20日，该团更名为党卫队第4"兰格马克"步兵团（摩托化）〔SS-Infanterie Regiment (mot.) 4 "Langemarck"〕。

该袖标字体为拉丁体，采用RZM机器刺绣士兵型、RZM手工刺绣军官型工艺。BeVo机织型袖标也有生产。

▼ 哥特体 "Der Führer" 袖标。供图/Hermann Historica

◄ 拉丁体 "Der Führer" 袖标。供图/Hermann Historica

党卫军第3"髑髅"装甲师袖标

参加波兰战役的党卫队部队有部分成员来自党卫队"骷髅"总队（SS-Totenkopfverbände）。战役结束后，党卫队"骷髅"总队、党卫队特别机动部队和普通党卫队的部分成员一起组建了党卫军"髑髅"师（SS-Totenkopf Division）。该师主要部队为党卫队第5装甲掷弹团（原来的党卫队第1"髑髅"步兵团）和党卫队第6装甲掷弹团（原来的党卫队第3"髑髅"步兵团）。

► 经过一番恶战之后的"髑髅"师士兵

► "髑髅"师的一辆黑豹坦克及其乘员，他应该佩戴着"髑髅"袖标

▼ 佩戴"Totenkopf"袖标的"髑髅"师士兵

▲ "Totenkopf"袖标。供图/Hermann Historica

▲ "髑髅"师师徽

► 髑髅图案袖标。供图/Hermann Historica

该师早期历史中，大部分成员都来自于党卫队"上拜仁""髑髅"旗队（SS-Totenkopf Srandarte "Oberbayern"），他们非官方佩戴着髑髅头袖标。党卫军"髑髅"师组建后，新成员要获得髑髅头袖标有一定难度，因为幸存的士兵认为袖标非常吸引人而且是"老兵"的象征。袖标的使用虽然是非官方的，但似乎已经被广泛认可。

1942年9月1日，根据1942年9月1日的武装党卫军条令，该师的新袖标被设立。袖标上的标志还是髑髅头。军官版采用"扁平丝线"机织型和RZM手工刺绣型工艺，士兵和士官版采用RZM机器刺绣工艺。该袖标由该师无权佩戴其他袖标的人员佩戴。

▼ ► 佩有髑髅袖标的一件常服。
供图/Hermann Historica

■ 党卫队第5"极北之光"装甲掷弹团袖标

该团在1939年10月党卫军"髑髅"师组建时的名称为党卫队第1"髑髅"步兵团，1942年8月更名为党卫队"极北之光"团（摩托化）〔SS-Regiment (mot.) "Thule"〕。1943年春，该团再次更名为党卫队"极北之光"步枪团（SS-Schützen-Regiment "Thule"），1943年10月最终更名为党卫队第4"极北之光"装甲掷弹团（SS-Panzergrenadier Regiment 4 "Thule"）。

该团袖标设立于1942年年中，军官版采用"扁平丝线"机织型工艺，士兵和士官版采用RZM机器刺绣工艺。

该袖标在1943年的某个时间被停止使用，之后该团人员佩戴师属"髑髅头"袖标。尽管规定如此，但是获得该袖标的人员在此之后依然佩戴它。

党卫军"髑髅"师使用"极北之地"袖标源于一战结束后在慕尼黑成立的臭名昭著的秘密右翼团体"极北之地"（Thule Society）。这个极端种族和民族主义信仰的半秘密组织，被授予了党卫队摩托化步兵团（SS-Kradschützen-Regiment）称号。该团被取缔后，其传统由党卫队第1"髑髅"步兵团继承。

▶ 党卫队地区总队领袖、"髑髅"师首任师长特奥多尔·艾克

▲ "Thule"袖标

■党卫队第6"特奥多尔·艾克"装甲掷弹团袖标

1939年10月16日，该团以党卫队第3"髑髅"步兵团的身份入编"髑髅"师。1943年3月15日，该团被冠以了"髑髅"师创建者、党卫队地区总队领袖、师长特奥多尔·艾克（Theodor Eicke）名字的荣誉称号。特奥多尔·艾克1943年2月26日乘坐一架轻型侦查飞机在东线被击落身亡。实际上该荣誉称号的生效日期可以追溯到1943年3月2日（根据1943年3月15日的武装党卫军条令设立）。

该袖标文字"Theodor Eicke"为拉丁体，只有BeVo机织型工艺。该袖标有两种样式，第一种字体和"俄罗斯丝带"镶边采用标准浅灰色，另一种采用白色。有人提出浅灰色由军官佩戴，白色由士兵和士官佩戴，但并没有任何文件来证明这个假设。似乎更有可能是生产厂家无意中使用了一批浅灰色丝线而造成的异常现象。

▼ *"Theodor Eicke"* 袖标。供图/Hermann Historica

▲ 佩戴 *"Theodor Eicke"* 袖标的一名士官

■ 党卫队但泽卫队袖标

党卫队但泽卫队是二战爆发前在但泽自由市的一支准军事、国土防御部队。在国际联盟管辖下，但泽作为自由市不允许德国在其境内驻军。而党卫队作为一个政治组织，纳粹政权有效地利用了这个漏洞。该卫队参加了波兰战役，随后其大部分成员成了党卫队第3"髑髅"步兵团的骨干。

在入编党卫军"髑髅"师后，该部队成员佩戴文字"SS Heimwehr Danzig"为哥特体和拉丁体的袖标。在"Theodor Eicke"袖标设立后，该袖标被废止。

该袖标有两种样式，军官版采用RZM工艺手工刺绣，士兵和士官版采用RZM机器刺绣工艺，并在1939年8月左右开始使用。

需要注意的是党卫军第4警察装甲掷弹师第7装甲掷弹团第3营也获得了佩戴该袖标的权利。该营在1944年年中改编为党卫队第3警察掷弹兵团。但是到目前为止，还没有资料显示该营和但泽卫队之间的联系。

▼ 但泽大区领袖正在检阅但泽卫队

▲ 但泽本土卫队的军旗

▲ "SS Heimwehr Danzig"袖标

◀ 波兰战役中但泽本土卫队俘虏的波兰战俘

▼ 佩戴 "SS Heimwehr Danzig" 袖标的一名士兵

▲ 非常罕见的同时佩戴 "SS Heimwehr Danzig" 袖标和髑髅袖标的照片

党卫军第4警察装甲掷弹师袖标

　　遵从希特勒的命令，党卫军第4警察装甲掷弹师在1939年9月8日组建。该师的大部分成员来自于秩序警察（Ordungspolizei）。因为该师成员都是警察，不需要党卫队成员所需的身体素质和种族要求，因此被希姆莱认为不是"真正"的党卫队成员，因而继续身着警察制服和衔级徽标。该师具有警察和党卫队双重身份的成员在左胸袋上面佩戴铝线手工刺绣的党卫队标志。该师的作战能力刚开始并不被看好，但很快就在战斗中证明了自己。1942年2月，希姆莱同意该师成为武装党卫军的一部分，可以使用党卫队的衔级和徽标。

　　该师第一版袖标（根据1942年4月15日武装党卫军条令设立）采用"扁平丝线"机织型工艺，警察版本鹰徽和国籍标志用灰色丝线缝制在黑色的底板上。该版本袖标是否广泛授予不得而知。根据1942年12月1日的武装党卫军条令，文字为 "SS-Polizei-Division" 的新版本袖标被设立。该版本袖标早期可

▲ 警察师师徽

能存在黑色底板布、哥特体文字和链形缝"俄罗斯丝带"镶边的非官方变型。该师标准的官方版本袖标文字为拉丁体,军官版采用"扁平丝线"机织型工艺,士兵和士官版采用RZM机器刺绣工艺。1943年后工艺改为BeVo机织型。

第二版本袖标还存在文字为"SS-Polizei"的未确认变型。该变型是否授予未知,同时该型袖标与该师是否有关系也没有证据。

▲ 第一版警察师袖标。供图/
Hermann Historica

▶ 拉丁体 "*SS-Polizei-Division*" 袖标。供图/
Hermann Historica

◀ 佩戴 "*SS-Polizei-Division*" 袖标的一名士兵　　▼ 作战间歇的几名警察师士兵

党卫军第5"维京"装甲师袖标

法国战役后，"日耳曼"旗队和其他一些党卫队部队调离党卫队特别机动部队组建了党卫军另外一支部队，同时"维斯特兰"团（Westland）和"诺德兰"团（Nordland）也入编该师，最初名称为党卫军"日耳曼尼亚"师（摩托化）〔SS-Division (mot.) "Germania"〕，1941年1月1日改名为党卫军"维京"师（摩托化）〔SS-Division (mot.) "Wiking"〕。该师在1942年11月升级为装甲掷弹师并在1943年10月最终更名为党卫军第5"维京"装甲师（5.SS-Panzer Division "Wiking"）。

根据1942年9月1日武装党卫军条令，该师的所有成员都可以佩戴文字为"Wiking"的袖标，但是下属团已经有袖标的除外。

军官版袖标采用"扁平丝线"机织型工艺，士兵和士官版采用RZM机器刺绣工艺。1943年后工艺改为类似BeVo机织型。

该师师长、党卫队地区总队领袖赫尔伯特·奥托·吉勒（Herbert Otto Gille）佩戴文字为哥特体的独特版本袖标。虽然未大范围授予，但是有照片显示该师的部分军官和士官也佩戴过此种版本的袖标。

▶ "维京"师师徽

▶ "维京"师的三号坦克集群，可以看到最近一辆坦克挡泥板上的"维京"师师徽

◀ 拉丁体"Viking"袖标。供图/Hermann Historica

▲ 佩有拉丁体 "Viking" 袖标的一件装甲兵灰色夹克。
供图/Hermann Historica

▲ 佩有拉丁体 "Viking" 袖标一件军官常服。供图/Hermann Historica

▲ 波兰游击队员正在展示他们缴获的拉丁体"Viking"袖标

▶ 佩戴专用哥特体"Viking"袖标的吉勒

■ 党卫队第9"日耳曼尼亚"装甲掷弹团袖标

转隶"维京"师后，该团所有成员继续佩戴文字为哥特体和拉丁体袖标。1943年后，袖标采用BeVo机织型工艺。

■ 党卫队"诺德兰"装甲掷弹团

该团在1940年入编"维京"师。1943年，以党卫队"诺德兰"装甲掷弹团（SS-Panzergrenadier Regiment "Nordland"）组建了"诺德兰"师。

军官版袖标采用铝线RZM手工刺绣工艺，士兵和士官版采用RZM机器刺绣工艺。1939年后改为"扁平丝线"机织型工艺。

■ 党卫队第10"维斯特兰"装甲掷弹团袖标

该团在1940年入编"维京"师，在此之后一直属于该师直到战争结束。该团最初名为党卫队"维斯特兰"步兵团，1942年11月改名为党卫队"维斯特兰"装甲掷弹团，1943年11月最终改名为党卫队第10"维斯特兰"装甲掷弹团（SS-Panzergrenadier Regiment 10 "Westland"）。

袖标上的文字为拉丁体。军官版袖标采用RZM手工刺绣工艺，士兵和士官版采用RZM工艺机器刺绣。1939年后改为"扁平丝线"机织型工艺，1943年后工艺改为BeVo机织型。

▲ 佩戴"Westland"袖标的一群士兵

▲ 佩戴 "Westland" 袖标的几名军乐手

▲ 拉丁体 "Westland" 袖标。供图/Hermann Historica

党卫军第6 "北方" 山地师袖标

　　1940年该单位以党卫军 "北方" 战斗群为班底组建。1942年1月15日改编为党卫军山地师，1943年10月22日最终更名为党卫军第6 "北方" 山地师（6.SS-Gebirgsdivision "Nord"）。虽然该师下属的两个团都最终设立了袖标，但是该师其他部队却没有获得授权。

　　有照片表明武装党卫军成员佩戴文字为 "Nord" 的袖标。这有可能是普通党卫队的 "北方" 大区（SS Oberabschnitt "Nord"）成员佩戴的袖标，也有可能是 "北方" 师的部分成员佩戴的非官方袖标。无论如何，党卫军第6 "北方" 山地师袖标虽然存在，但它并不是武装党卫军官方袖标。

▶ "北方" 师师徽

▲ 拉丁体"Nord"袖标。供图/
Hermann Historica

■ 党卫队第11 "莱因哈德·海德里希"山地猎兵团袖标

该部队是以党卫队第6 "髑髅"旗队为班底组建的，开始佩戴"髑髅头"袖标。1942年2月，该部队改编为党卫队第6步兵团（摩托化）。根据1942年6月15日的武装党卫军条令，该团获得了"莱因哈德·海德里希"荣誉称号，最终更名为党卫队第11 "莱因哈德·海德里希"山地猎兵团（SS-GebirgsJäger-Regiment 11 "Reinhard Heydrich"）。

军官版袖标采用"扁平丝线"机织型工艺，士兵和士官版采用RZM工艺机器刺绣。1943年后工艺改为BeVo机织型。

▶ 党卫队内地位仅次于希姆莱的莱因哈德·海德里希

▼ 拉丁体"Reinhard Heydrich"袖标。供图/
Hermann Historica

▲ 佩戴 "Reinhard Heydrich" 袖标的一名士兵

■ 党卫队第12"米夏埃尔·盖斯迈尔"山地猎兵团袖标

　　该部队是以党卫队第7"髑髅"旗队为班底组建的，1941年2月25日，该部队改编为党卫队第6步兵团（摩托化），1942年9月改名为党卫队第7山地猎兵团，1943年再次更名为党卫队第12山地猎兵团。1944年6月21日，该团获得"米夏埃尔·盖斯迈尔"荣誉称号，最终更名为党卫队第12"米夏埃尔·盖斯迈尔"山地猎兵团（SS-GebirgsJäger-Regiment 12"Michael Gaissmair"）。

　　由于设立时间较晚，袖标只采用了BeVo机织型工艺。

　　"北方"师在东线作战时，来自于党卫队滑雪猎兵营（SS-SkiJäger Bataillon）和党卫队警察连（SS-og Politikompanis）的挪威志愿者属于该部队。他们佩戴的文字为"Norge"和"Frw.Legion Norwegen"的袖标将在下期的章节中介绍。

（未完待续）

▶ 佩戴拉丁体 "Michael Gaissmair" 袖标的贝特霍尔德·马克。供图/Hermann Historica

▼ 拉丁体 "Michael Gaissmair" 袖标。供图/Hermann Historica

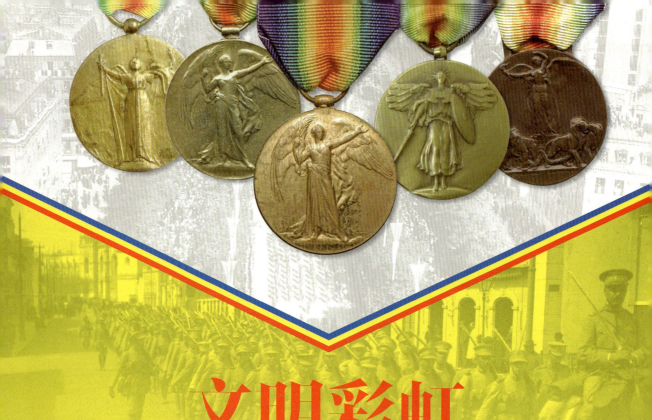

文明彩虹
第一次世界大战协约国胜利奖章小考

作者：沈晨*

*沈晨，就职于南京电视台，爱好历史，喜欢和历史相关的勋赏。

2017年是第一次世界大战中的康布雷战役爆发100周年，这场战役因为首次大规模使用坦克作战而闻名于世。而提到第一次世界大战，大多数人第一印象就是无尽的堑壕战，以及众多被称为"绞肉机"的战役。从1914年到1918年，经过四年的苦战，精疲力竭的协约国终于击败了德奥保土这四国组成的同盟国，取得了胜利，但美英法意等战胜国也付出了巨大的代价。第一次世界大战参战国家地区达34个，受战祸波及的人口达15亿以上，约占当时世界人口总数的75%，交战双方共有6500多万人参战，其中伤亡3000多万。战争对参战各国都造成了严重的经济损失，德意志帝国、沙俄帝国、奥匈帝国、奥斯曼土耳其帝国这四大帝国随着战争的结束也灰飞烟灭，而胜利国英法意等国的国力也受到极大的削弱。

在战争中和战后，为了激发士气，参战各国都颁发了形形色色的奖章和纪念章奖励给参战官兵。尤其是战后协约国颁发了一系列的一战胜利奖章，它们形制基本上统一，而绶带颜色则完全统一，颁发对象也都是参加一战的官兵，从而成为世界勋赏历史上非常少见的各国统一形式、统一标准的一次有趣尝试。由于日本战捷记章已经在《号角：世界经典制服徽章艺术V》中介绍过，本文不再赘述。

▲ 无休止的堑壕战成为第一次世界大战的特点

▲ 坦克的出现曾改变了一战的战局

◀ 1919年7月14日在巴黎举行的一战胜利大阅兵

造型统一的一战胜利奖章

1918年11月一战结束后，法国陆军元帅福煦提议，由协约国集团每一国颁发一枚奖章来纪念这次"保卫文明的世界大战"。各战胜国一致同意颁发该奖章给有功的参战人员。根据统计，一战胜利奖章由15国共同颁发，加上法国的两种非官方版，一共17个版本。依据当时的设计，奖章正面的主题都是具有本民族特质的"胜利"图案，欧洲国家一般都是不同造型的胜利女神的形象，只有日本和暹罗（泰国）是本国的武神，图案都是当时各国比较有名的雕刻家设计。章体的直径也是统一的，直径3.8厘米，形状为圆形。而绶带设计，是通过将协约国国旗的颜色组合排列，颜色为白-紫-青-绿-黄-橙-赤-橙-黄-绿-青-蓝-紫-白，成为一组对称双彩虹带颜色，象征着勇气和牺牲，同时也表现暴风骤雨出安宁的寓言，而在一战同盟国参战国家当中，俄国、中国、塞尔维亚和黑山因为各自原因，并没有颁发一战胜利奖章。

然而，历史没有如战胜国所想的，战后并没有出现永久的和平，也没有出现人们所期望的安宁，在战争结束2个月后，即1919年1月，参战各国在法国凡尔赛召开了巴黎和会。经过五个月的谈判，在会后各国签订的《凡尔赛和约》中，对战败国提出了苛刻的条件。德国损失了13.5%的领土，12.5%的人口，所有的海外殖民地（包括德属东非、德属西南非、喀麦隆、多哥以及德属新几内亚），16%的煤产地及半数的钢铁工业。同时德国政府需要支付协约国2690亿金马克的赔款，相当于9.6万吨黄金，这些极其苛刻的条款引起了德国人深深的仇恨，也为第二次世界大战的爆发埋下种子。

正如法国元帅福煦在听到《凡尔赛和约》签字的消息后说："这不是和平，而是20年的休战。"而无产阶级革命家列宁也指出："靠《凡尔赛和约》来维持整个国际秩序是建立在火山口上的。"而这些预言也不幸被言中了，第一次世界大战结束后仅仅相隔20年后的1939年，欧洲乃至全世界又陷入了新一轮战争的火海，而当时颁发一战胜利奖章的各战胜国要么在战争初始就迅速沦陷，要么就成为战争的发起者或者跟随者，号称维护世界和平的《凡尔赛和约》也彻底被丢进了历史的垃圾堆。而协约国战后颁发的象征和平与安宁的一战胜利奖章也几乎被人们所遗忘。

▲ 协约国一战胜利奖章绶带样式

▲ 法国一战英雄福煦元帅

英国一战胜利奖章

战争爆发之初，英国并没有做好战争准备，当时英国陆军有80万人，随着德国大举入侵中立国比利时，英国根据英、法协议，派远征军前往法国，部署在法军防线左翼。远征军编成2个军，辖4个步兵师、1个骑兵师，共7万余人，由皇家飞行队（飞机63架）提供支援。战争结束时，远征军总兵力已经增加到65个师150万人，编为4个集团军。1914年8月23日，远征军开始与德军作战，并参加马恩河战役、佛兰德战役、伊普尔战役、索姆河战役和康布雷战役等。1918年远征军配合其他协约国军队对德军发起总攻。战争中，远征军在西线发挥了重要作用，首次使用坦克并大量使用飞机，促进了英国军事技术和军兵种的发展。除了欧洲战场，英国海军也在大西洋和太平洋搜索消灭了德国远东舰队，并配合日本占领了德国在远东的殖民地青岛。

在战争中和战争后，英国政府先后设立了一战战争奖章、1914之星奖章、1914—1915之星奖章以及一战胜利奖章来表彰军人们在战争中的英勇行为。其中，有资格获得一战胜利勋章的必须是在战争中从英国本土和加拿大、澳大利亚、新西兰和印度等自治领被动员起来，为大英帝国服务的作战人员（南非自治领独立颁发一战胜利奖章），且必须在1914年8月5日至1918年11月11日期间在战区服务。在战争中服务于医疗部门和其他辅助部队的女性人员也可以获得一战胜利奖章。同时，奖章也被授予1919—1920年间到苏俄执行干涉任务的军事人员以及1918年11月11日至1919年11月30日在北海执行扫雷任务的海军官兵。根据统计，战后英国一战胜利奖章颁发量不少于6334522枚，这也是奖章颁发国家中数量最多的。

▲ 英国一战胜利奖章

▲ 一名参加过一战和二战的英国老兵获得的联排奖章，里面含有一战胜利奖章。供图/Downies

◀ 头戴防毒面具操作维克斯机枪的英军士兵

英国一战胜利奖章为铜制圆形，它的设计者是英国著名的雕塑家威廉·麦克米兰（William McMillan）。奖章的连接环为青铜圆形，它的正面是一位张开翅膀的胜利女神的形象。女神左臂伸开，右手拿着棕榈树枝，在奖章的背面有英文："THE GREAT / WAR FOR / CIVILISATION / 1914—1919"（为了文明的伟大战争1914—1919），文字四周环绕有一圈桂冠。值得注意的是，所有版本的一战胜利奖章，只有英国和南非的版本上战争的时间是1914—1919年，而其他版本都是1914—1918年。同时，每一枚奖牌侧面都会刻上获得者的名字、所属部队、职务等边铭信息。同时，1914年8月4日—1920年8月10日服役的人员可以在奖章的绶带上佩戴橡树叶造型的挂饰。

▲ 英国一战胜利奖章的边铭

▼ 一套带有英国一战胜利奖章的联排奖章，请注意一战胜利奖章上有橡树叶配饰。供图/Downies

▲ 佩戴带有橡树叶配饰英国一战胜利奖章的一名英印部队军官。供图/Downies

南非联邦一战胜利奖章

在第一次世界大战开始之后，已经升级成为自治领的南非跟随宗主国英国参加了战争。南非自治领的军队在1914—1915年向北攻入了和自己接壤的德属西南非殖民地（即今天的纳米比亚）并最终占领该地，而由志愿者组成的南非海外远征军1916—1918年相继在埃及、法国、比利时、德属东非以及中东巴勒斯坦地区服役作战。南非皇家海军志愿后备队与英国皇家海军一起在地中海以及世界其他地区作战。

战争结束后，南非自治领于1919年给参加战争的南非人颁发了南非一战胜利奖章。据统计，南非一战胜利奖章约颁发了75000枚。奖章的正面和英国一战胜利奖章一样。它的设计者同样是威廉·麦克米兰。奖章直径36毫米，连接环为青铜圆形，正面是一位张开翅膀的胜利女神形象。她的左臂伸开，右手拿着棕榈树枝，奖章的背面用英文和荷兰文两种官方语言分别写着"THE GREAT WAR FOR CIVILISATION/DE GROTE OORLOG VOOR DE BESCHAVING"（为了文明的伟大战争）。最下面为战争的年份：1914—1919。和英国一战胜利奖章一样，奖章的外圈同样环绕着一圈桂冠。

▲ 南非一战胜利奖章，其与英国一战胜利奖章的区别在于背面有英荷两种文字

◀ 南非本土正在进行操练的民兵

法国一战胜利奖章

作为第一次世界大战的主要参战国，法国在1870年普法战争战败后，被迫签订《法兰克福和约》，将重要工业区阿尔萨斯和洛林东部连同梅斯要塞割让给德国，法国向德国支付50亿金法郎（当时约合7亿多两白银）赔款，自尊心极强的法国人两年多就还完赔款，并不断整军备战，一直想报战败之仇，同时也调整与欧洲国家，尤其是英、俄的关系，以寻求盟国的支持，共同对付德国。

在战争爆发之初，1914年8月2日，德军出兵中立国卢森堡，8月3日，德军对比利时不宣而战。至8月中旬，德军攻占比利时大部分领土，并且驱逐在比利时境内的法军回法国境内。8月21日，德军分兵五路

▲ 马恩河前线作战的法军士兵

攻向法国北部，1914年9月5日—9月12日，德军与英法联军在巴黎近郊马恩河至凡尔登一线爆发马恩河战役，结果两败俱伤，德军只得转入战略防御，战斗开始演变为阵地战。接着，双方爆发了奔向海边的运动战，为了巩固既得战果，双方开始挖掘堑壕固守，战事进入胶着对峙状态。虽然中途爆发了凡尔登战役，索姆河战役等，法德两国都损失惨重，但并未改变双方的战略格局，惨烈的堑壕战一直持续到战争结束。

作为西线的主力，法国在一战中承受了相当重大的损失，法国一战总兵力有884万，战死124万，伤

残400余万，法国阵亡军人达到了战前全国总人口的3.1%左右，可以说是损失了一代人。

在战中和战后，法国政府先后设立了战争十字奖章、一战胜利奖章和一战纪念奖章颁发给参战将士和有功人员。其中，一战胜利奖章颁发给在战争期间服役超过3个月的全体法国士兵、医护人员，以及直接在法国军队指挥下服役超过3个月的外国平民和士兵等。根据统计，战后法国共发行了三种一战胜利奖章，包括民间版两种，官方版一种，其中官方版本的一战胜利奖章累计颁发约200万枚。

▲ 守卫地铁站的法军

◀ 堑壕中的法军士兵

◀ 法国一战胜利奖章的获颁证书

▼ 法国官方版的一战胜利奖章

▼ 另一种款式的法国一战胜利奖章获颁证书

官方版本的法国一战胜利奖章于1922年7月22日设立，设计者是法国著名雕塑家皮埃尔－亚历山大·莫伦（Pierre－Alexandre Morlon），奖章直径36毫米，铜制。奖章的连接环为青铜圆形。正面是张开翅膀的胜利女神的形象，抬着头双手张开望着天，右手持象征和平的橄榄枝，左手拿着花冠，底部边缘刻着设计师的名字"A.Morlon"，背面上部为象征法国的自由帽，帽子两边的"RF"为法兰西共和国（Republic Française）的简写。背面文字是"La Grande Guerre pour la Civilisation"，意为"为了文明的伟大战争"。有趣的是，出于审美原因两个"U"改为了"V"，底部为一次世界大战年份"1914—1918"。

法国一战胜利奖章的民间版之一的设计者是夏尔·夏尔（Charles Charles），因此也被称作"夏尔版"。这版奖章材料也是铜制，正面与古巴一战胜利奖章一样，是一名拥有翅膀，张开双臂，右手持有短剑，左手握有橄榄枝的胜利女神形象的浮雕，底部边缘5点钟方向刻着设计师的名字"C.Charles"。奖章背面中间位置为三行法文："La Grande Guerre pour la Civilisation"，以及一次世界大战年份"1914—1918"，上下部均为植物点缀的造型，这款奖章发行量不多。之后夏尔把他的设计卖给了古巴，奖章的正面图案也被应用到古巴一战胜利奖章上。

法国一战胜利奖章第二种民间版的正面由雕塑家马赛尔·庞托（M. Pautot）设计，反面由路易·奥克塔夫·马泰（Louis Octave Mattei）设计，巴黎造币厂生产，同样也是铜制。它的正面是一名右手持剑，左手持盾牌，两只翅膀张开站立着的胜利女神的形象，底部边缘7点方向刻着设计师的名字"M.Pautot"，奖章的背面中部圆盘上有着和之前两版一样的文字，左侧为植物枝叶；右侧为一名女神的形象。作为民间版本，这一款同样比较少见。

▲ 照片中右边那位老兵，佩戴着夏尔版法国一战胜利奖章

▲ ▶ 夏尔版法国一战胜利奖章。供图/Liverpool Medals

▲ ▶ 马赛尔·庞托版法国一战胜利奖章。供图/Liverpool Medals

比利时一战胜利奖章

作为第一次世界大战最早的参战国，比利时在1831年独立时曾宣布成为永久中立国，并通过缔结条约得到了英国、法国、俄罗斯、奥地利和普鲁士等欧洲主要国家的担保。但在1914年8月一战爆发后，德国为了借道比利时进攻法国，遂向比利时发布了最后通牒：允许德国军队进入比利时国土，否则将要与之开战。比利时拒绝了这种要求。8月2日德国向比利时宣战，随即入侵了比利时。和德国相比，比利时是一个小国，比利时军队包括六个步兵师和一个骑兵师，装备不足，缺乏训练，军费微薄，所能提供的弹药有限，每人每周只能进行两次实弹射击，每次又只有一发子弹。但面临大敌，比利时并没有屈服，阿尔贝国王下令炸毁列日要塞附近马斯河上的桥梁，以及卢森堡交界的铁路和桥梁，从8月4日至16日，比利时军队坚守列日要塞，阻挡了德军近两周的时间，并造成德军大量的伤亡。但比利时顽强的抵抗并没能阻止住德国人的攻势，8月20日，德军占领了比利时首都布鲁塞尔，比利时国土除了西部临海一小块以外，大部被德军占领。但比利时的抵抗为协约国争取了时间，随着西线进入堑壕战，这种局面一直持续到1918年德国投降。

战后，根据比利时1919年7月15日颁发的法令，参加第一次世界大战的比利时军队被授予比利时一战

▲ 攻占列日要塞后进入列日城内的德军

胜利奖章。晚些时候，奖章的授予范围又扩大到在非洲服务的人员以及在特定情况下服务的商船和渔船船员。据统计，一共有约35万人被授予了比利时一战胜利奖章。

比利时一战胜利奖章的设计师是当时著名的雕刻家保罗·杜波依斯（Paul Du Bois）。奖章的绶带依然是协约国统一的彩虹绶带，奖章直径36毫米，铜镀金，它的正面是一名张开翅膀站在地球上的胜利女神的浮雕，她的手臂张开，左手持花冠，右手持剑，向下看着脚下的地球。连接环为青铜圆形，

▲ 授予阵亡者遗属的比利时一战胜利奖章

▲ 比利时一战胜利奖章

▲ 比利时一战胜利奖章证书

▼ 一套带盒的比利时一战胜利奖章，盒子内侧有生产厂家的标志

▲ 佩戴一战胜利奖章的一名比利时随军牧师

奖章的背面中央是比利时王室纹章，外圈环绕着桂冠。它周围是一战9个参战盟国的国徽。从12点开始，顺时针依次为法兰西第三共和国、美国、日本、希腊王国、巴西、塞尔维亚、葡萄牙、意大利王国和英国。奖章边缘是法语和荷兰语的双语铭文"LA GRANDE GUERRE POUR LA CIVILISATION/DE GROOTE OORLOG TOT DE BESCHAVING"（为了文明的伟大战争）。

此外，授予战争中受伤者的奖章会在绶带上加上红十字配饰，授予阵亡者遗属的加上黑色珐琅细条。

意大利一战胜利奖章

在第一次世界大战前，意大利是"三国同盟"的签字国，"三国同盟"是一个包括德国和奥匈帝国在内的共同防御公约。虽然意大利和奥匈为盟国，但意大利1870年统一以后，就和奥匈帝国有着很大的领土争端，所以在战争开始后，意大利便宣布保持中立，两头观望。而在德国进攻法国受阻以后，意大利便逐渐倒向了协约国，最终在协约国对意大利做出领土承诺以后，1915年4月，意大利同协约国签订了秘密的《伦敦条约》。

条约规定，作为协约国对意大利军事援助的报偿，将给予意大利以蒂罗尔、的里雅斯特、伊斯特拉、达尔马提亚海岸的一部分和希腊人聚居的多德卡尼斯群岛。还允许意大利扩大其非洲的殖民地和参与瓜分奥斯曼帝国。条约给予意大利的领土承诺主要集中在奥匈帝国境内。在条件满足之后，意大利退出了德意奥三国同盟，并于5月23日向奥匈帝国宣战，5月24日宣布与德国断交。

开战以后的三年多时间里，意大利在意奥边境东段伊松佐河平原发动了12次伊松佐河战役，意军伤亡100余万人，但并没有取得多少进展，未达成战役目的，不过牵制了部分同盟国军队，有力支援了协约国军队在东西两线的作战。

一战结束后，根据意大利政府1920年12月颁发的法令，在1916年5月21日被动员起来参战的士兵，以及曾在一个地区被动员起来和直接进入军队作战并服役四个月以上的士兵可以获得意大利一战胜利奖章。1923年，奖章的授予范围又被扩大到战时对战争有贡献的商船船员。根据统计，意大利一战胜利奖章大约颁发了200万枚。

在公开征求的设计稿中，雕塑家加埃塔诺·奥索里尼（Gaetano Orsolini）的作品被采用。奖章的正面是一辆由四只狮子拉着的凯旋的战车，车上高高站立着胜利女神，她翅膀张开，左手高举过头顶，右手举着自由的火炬。章与绶带的连接处为固定方形。背面上方是两只衔着橄榄枝，相背飞翔的和平鸽。鸽子上方是一行意大利文字："Grande Guerra per la Civiltà"（为了文明的伟大战争）。鸽子下方是一个三角形状的祭坛，祭坛的左右两边写着罗马数字1914和1918，对应着第一次世界大战开始和结束的时间。

◀ ▲ 意大利一战胜利奖章

▲ 跃出堑壕准备进攻的意大利士兵

意大利一战胜利奖章获颁证书

另一种款式的意大利一战胜利奖章获颁证书

► 第三款意大利一战胜利奖章获颁证书

◄ ◄ 佩戴有意大利一战胜利奖章（联排倒数第二）的一名意大利将军。请注意他还佩戴有北洋的文虎勋章

美国一战胜利奖章

美国参加一战时间比较迟，在1914年战争开始的时候，美国时任总统伍德罗·威尔逊声称美国必须保持中立，不愿意卷入欧洲的"内战"。在1916年，威尔逊谋求连任总统时，他的竞选口号就是："他使我们远离战争。"开始的时候，美国的民意也坚定地站在中立的一方。大多数美国人对世界事务毫无兴趣，支持孤立主义政策。但德国潜艇开始攻击过往大西洋的船只甚至是客船，1915年5月，一艘英国的客船"卢西塔尼亚"号（SS Luthitania）被德国潜艇击沉，船上1198名旅客死亡，其中包括128名美国人，类似的事件随后又多次出现，面对德国人的战争行为，美国国内的反德情绪开始高涨。面对美国的压力，1915年6月，德国宣布在袭击客船前会给予警告。而到1917年1月，在战局不利的情况下，为了封锁英国的海上航线，德国宣布恢复无限制潜艇战，重新开始攻击商船和客船。2月3日，一艘美国轮船被击沉，威尔逊立即停止了与德国的外交关系，一个月后，德国外交大臣阿尔弗莱德·齐默曼给德国驻墨西哥大使发出密令，内容是联合墨西哥共同反美，事件曝光后引起了美国舆论的轩然大波。这也进一步把美国推向了协约国一边。1917年4月2日，在齐默曼密电被公开的一个月后，美国对德国宣战。

1916年美国的军队中职业军人只有13万，但到了1917年，大约有500万美军被动员起来。在西线英法和德国陷入僵持局面时，驻法美军在潘兴将军的带领下从南线进攻德国。到了9月底，在法国作战的美军多达125万人，美国的参战使得胜利的天平迅速倒向协约国。1918年11月11日上午11点，第一次世界大战以停战的方式结束。第一次世界大战美国人也付出了不小的代价，死亡53513人，受伤204002人。

► 一战中作战的美国士兵

▼ 被德国击沉的"卢西塔尼亚"号客轮

▲ 准备登船前往欧洲战场的美国士兵

► 美国一战胜利奖章的设计者詹姆斯·弗雷泽，他是当时美国知名雕塑家，美国首都华盛顿的很多雕塑出自其手

美国一战胜利奖章最早创立于1919年，它的设计者是詹姆斯·厄尔·弗雷泽（James Earle Fraser），奖章最初应由美国国会通过法案设立，但国会并没有通过相关法案。美国陆军在1919年4月设立了一战胜利奖章，美国海军随后在同年6月也设置了这一奖章。

第一次世界大战胜利奖章颁发给参与以下军事行动的人员：一、1917年4月6日至1918年11月11日在军队中服役的人员；二、1918年11月12日至1919年8月5日在欧洲苏俄服役的人员；三、1918年11月23日至1920年4月1日参与美国远征西伯利亚的人员。

奖章的正面是一位站在圆球上的胜利女神浮雕，她身穿铠甲，张开翅膀，右手持剑，左手持有一面盾牌，头上发出光芒。奖章的背面顶端写着文字"为了文明的伟大战争"。奖章的底部是六颗五角星，中间是一面有着美国缩写"US"的盾牌，盾牌外面是一束用绳子绑着的木棒，两面写着第一次世界大战协约国的名字，左边从上到下依次为：法国、意大利、塞尔维亚、日本、黑山、俄罗斯和希腊。右边从上到下依次为：英国、比利时、巴西、葡萄牙、罗马尼亚和中国。

▲ 美国一战胜利奖章

Victory Medal Complete
ASSEMBLED WITH
FRANCE CLASP
Manufactured by
S. G. Adams Stamp and Stationery Co.
ST. LOUIS
Contract No. 9087-S March 30, 1920

带有法国铭条的美国一战胜利奖章
及其包装纸盒。纸盒上写明了奖章名称、
铭条名称和生产商

Contents·
One Victory Medal
With Battle Clasps for*

ST. MIHIEL
MEUSE-ARGONNE
DEFENSIVE SECTOR

TO BE FILLED OUT BY APPROVING OFFICER

With Clasp for*

None

*If none, so state
3—7740

带有3个铭条的美国一战
胜利奖章及其包装纸盒

和其他国家一战胜利奖章不同的是，美国一战胜利奖章还配有铭条，表明奖章的获得者参与的军事行动和为战争所做的服务。这是美国一战胜利奖章最有意思的地方。这些铭条包括如下：

陆军作战铭条

作战地点	开始日期	结束日期
埃纳省（Aisne）	1918年5月27日	1918年6月5日
埃纳-马恩省（Aisne-Marne）	1918年7月18日	1918年8月6日
康布雷（Cambrai）	1917年5月12日	1917年12月4日
香槟-马恩省（Champagne-Marne）	1918年7月15日	1918年7月18日
利斯河战役（lys）	1918年4月9日	1918年4月27日
默兹-阿尔贡攻势（Meuse-Argonne）	1918年9月26日	1918年11月11日
蒙迪迪耶-努瓦（Montdidier-Noyon）	1918年6月9日	1918年6月13日
瓦兹-埃纳省（Oise-Aisne）	1918年8月18日	1918年11月11日
圣米耶尔（St. Mihiel）	1918年9月12日	1918年9月16日
索姆河防御（Somme-Defensive）	1918年3月21日	1918年4月6日
索姆河攻势（Somme-Offensive）	1918年8月8日	1918年11月11日
维托里奥-威尼托（Vittorio-Veneto）	1918年10月24日	1918年11月4日
伊普尔-圣米耶尔（Ypres-Lys）	1918年8月19日	1918年11月11日

▲ ▶ 带有康布雷铭条的美国一战胜利奖章。供图/Liverpool Medals

▲ ▶ 带有最为罕见的利斯铭条的美国一战胜利奖章。供图/Liverpool Medals

▲ 带有瓦兹–埃纳省、默兹–阿尔贡和防御部铭条的美国一战胜利奖章。供图/Liverpool Medals

▲ 带有埃纳省–马恩省、圣米耶尔、默兹–阿尔贡和防御部铭条的美国一战胜利奖章

▲ 带有埃纳省–马恩省、默兹–阿尔贡、防御部、瓦兹–埃纳省和香槟–马恩省铭条的美国一战胜利奖章。供图/Liverpool Medals

▲ 带有5个铭条的美国一战胜利奖章。供图/Liverpool Medals

带有19个铭条的美国一战胜利奖章，但应该还不是带有最多铭条的，不过这么多铭条，应该是后世收藏者自行添加的。若根据这些铭条判定参加的战役，几乎算是在一战中"打满全场"，甚至还参与了很多非战斗任务。供图/Liverpool Medals

海军战役铭条

发生地点	开始日期	结束日期
埃纳省（Aisne）	1918年6月1日	1918年6月5日
埃纳省-马恩省（Aisne-Marne）	1918年7月18日	1918年7月20日
默兹-阿尔贡（Meuse-Argonne）	1918年9月29日	1918年10月10日
默兹-阿尔贡（Meuse-Argonne）	1918年10月25日	1918年11月11日
圣米耶尔（St. Mihiel）	1918年9月12日	1918年9月16日
伊普尔-圣米耶尔（Ypres-Lys，为北部轰炸提供支援）	—	—

海军作战铭条

	开始日期	结束日期
武装护卫：护卫商船人员（货船，油轮和运兵船）（Armed Guard）	1917年4月6日	1918年11月11日
亚洲：在西伯利亚港口任何船只上服役（Asiatic）	1917年4月6日	1918年11月11日
亚洲：在港口停留10天以上（Asiatic）	1918年11月12日	1920年3月30日
大西洋舰队：在大西洋舰队服役（Atlantic Fleet）	1918年5月25日	1918年11月11日
航空：执行飞越大西洋的工作（Aviation）	1918年5月25日	1918年11月11日
驱逐舰：在大西洋上的驱逐舰服役（Destroyer）	1918年5月25日	1918年11月11日
护航：定期护送北大西洋上的船只（Escort）	1917年4月6日	1918年11月11日
大舰队：在"大舰队"上的任何船舶上服役（Grand Fleet）	1917年12月9日	1918年11月11日
布雷：在海上执行布雷任务（Mine Laying）	1918年5月26日	1918年11月11日
扫雷：在海上执行扫雷任务（Mine Sweeping）	1917年4月6日	1918年11月11日
基础服务：修理船只等服务（Mobile Base）	1917年4月6日	1918年11月11日
海军补给：在海上执行补给任务（Naval Battery）	1918年7月10日	1918年11月11日
国外：欧洲盟军或敌对国家的服务（Overseas）	1918年4月6日	1918年11月11日
巡逻：大西洋战争巡逻服务（Patrol）	1918年5月25日	1918年11月11日
打捞：在海上执行打捞工作（Salvage）	1917年4月6日	1918年11月11日
潜艇：在大西洋潜艇上服务（Submarine）	1918年5月25日	1918年11月11日
猎潜艇：在大西洋执行反潜服务（Submarine Chase）	1918年5月18日	1918年11月11日
交通运输：定期人员货物运输（Transport）	1917年4月6日	1918年11月11日
白海：在俄罗斯白海到摩尔曼斯克的任何船只上服役十天以上（White Sea）	1918年11月12日	1919年7月31日

▲ 带有大舰队铭条的美国一战胜利奖章

　　和陆军不同的是，海军奖章的绶带上只允许佩戴任何类型的一个铭条。

　　对于第一次世界大战期间陆军的非战斗人员，可以被授予并佩戴以下的服役铭条。

陆军服役铭条

国家或地区	开始日期	结束日期
英国 （England）	1917年4月6日	1918年11月11日
法国 （France）	1917年4月6日	1918年11月11日
意大利 （Italy）	1917年4月6日	1918年11月11日
俄罗斯 （任何服务） （Russia）	—	—
西伯利亚 （任何服务） （Siberia）	—	—

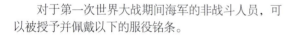

　　对于第一次世界大战期间海军的非战斗人员，可以被授予并佩戴以下的服役铭条。

▲ 带有俄罗斯铭条的美国一战胜利奖章

海军服役铭条

地区	开始日期	结束日期
英国 （England）	1917年4月6日	1918年11月11日
法国 （France）	1917年4月6日	1918年11月11日
意大利 （Italy）	1917年4月6日	1918年11月11日
俄国 （Russia）	1918年11月12日	1919年7月31日
西伯利亚 （Siberia）	1918年11月12日	1920年3月30
西印度群岛 （West Indies）	1917年4月6日	1918年11月11日

▶ 美国一战英雄萨缪尔·帕克，请注意他佩戴的一战胜利奖章带有5个铭条

罗马尼亚一战胜利奖章

　　1878年俄土战争以及柏林会议之后，原本名义上从属于奥斯曼土耳其的罗马尼亚取得了独立。拥有普鲁士霍亨索伦王室血统的卡罗尔一世成为罗马尼亚大公，1881年成为罗马尼亚国王。而与德国王室血缘上的联系以及对德国强大的向往，使得罗马尼亚1883年与德奥意三国签订了同盟条约。但罗马尼亚与德国的盟友奥匈帝国存在领土争端，所以在1914年一战开始之后，罗马尼亚宣布保持中立。而随着1916年德国在凡尔登战役中受挫，以及沙俄在东线发动勃鲁西洛夫攻势并重创了奥匈帝国以后，罗马尼亚最终倒向了协约国并与之签订了条约，承担对奥匈帝国作战的义务。在条约中，法国和英国允诺战后将罗奥两国争议领土（主要是特兰西瓦尼亚）给予罗马尼亚，并通过俄国向罗马尼亚提供战争物资。1916年8月27日，罗马尼亚经过长时期的观望后向奥匈宣战，罗军统帅部以收复被匈牙利占据的特兰西瓦尼亚为主要目标发动进攻。但在同盟国德国、奥匈、土耳其和保加利亚四国联军西面和南面的两线夹击下，罗军溃败，伤亡25万多人，罗马尼亚除了东北部之外的大部分领土，包括首都布加勒斯特都被同盟国占领，在不利的局面下，罗马尼亚在1918年5月与同盟国订立单独的和约。但在年底同盟国即将垮台之时，罗马尼亚重新加入战争，最终在巴黎和会上取得战胜国地位。

▲ 罗马尼亚一战胜利奖章

▲ 一战中的罗马尼亚军官

战后，根据罗马尼亚政府1921年7月20日发布的赦令，设立了罗马尼亚一战胜利奖章。根据规定，在1916年8月28日—1921年3月21日期间被动员起来参加战争以及在战争期间提供医疗救援等工作的人员都可以获得奖章，据统计，罗马尼亚一战胜利奖章一共颁发了约30万枚。

战后在官方组织的评选中，雕塑家康斯坦丁·克里斯泰斯库（Constantin Kristescu）的作品入选。奖章直径36毫米，圆形，青铜材质。正面是一名翅膀张开的胜利女神的浮雕，左手拿着棕榈树枝，右手拿着一把朝下的剑。背面有一只长柄双刃斧，双刃斧下面有罗马尼亚文写的三行文字："MARELE RĂZBOI PENTRU CIVILIZAŢIE"（为了文明的伟大战争）。奖章边缘环绕着月桂和橡树花环。这些环将协约国国家的铭牌串了起来。从12点钟方向开始，顺时针依次是英国、比利时、希腊、日本、塞尔维亚、美国、中国、罗马尼亚、意大利、法国。奖章的设计师把自己的签名"Kristesko"放在日本的铭牌附近。

▲ 罗马尼亚一战胜利奖章获颁证书

▲ 佩戴有一战胜利奖章的罗马尼亚军官

▼ 含有一战胜利奖章的一排罗马尼亚阅兵式联排章

捷克斯洛伐克一战胜利奖章

捷克在12世纪以后作为独立的波希米亚王国而存在，但在1620年三十年战争中的白山战役被信奉天主教的奥地利哈布斯堡军队击败，实际上失去独立地位，被奥地利哈布斯堡王朝统治了近300年。对奥地利来说，它的主要领土即以奥地利为核心，以波西米亚和匈牙利为两翼，波西米亚是其不可或缺的一部分，这种局面一直维持到第一次世界大战开始，而捷克要求独立的呼声一直没有停止。

在第一次世界大战中，捷克斯洛伐克是作为奥匈帝国的一部分，加入同盟国与协约国俄国作战。作为一个不甘心被欺压的民族，多数捷克斯洛伐克人对与同为斯拉夫人的沙俄作战并没有兴趣，很多人加入了一战中奥匈帝国的敌对阵营，即协约国阵营，并不断为自身的独立而努力。在一战期间，捷克斯洛伐克人在巴黎成立了捷克斯洛伐克民族委员会，并得到了协约国的普遍承认。1917年4—6月沙俄组建了捷克斯洛伐克军团，主要由第一次世界大战中被俄国俘虏的原奥匈帝国军队的战俘以及侨居俄国的捷克斯洛伐克人组成。初期军团规模不大，但在难民中的知识分子和协约国的帮助下，军团逐渐发展成为一支拥有数万人的力量（1917年底约5万人）。捷克斯洛伐克军团构成的主体是捷克人，占到了90%左右，斯洛伐克人在军团中也占了一定的比例。捷克斯洛伐克军团的目标是得到协约国的支持，在奥匈帝国境内建立独立的捷克斯洛伐克国家。捷克斯洛伐克军团参与了一战的兹伯里夫（Zboriv）、巴赫马奇等战役，在苏俄内战中，捷克斯洛伐克军团也发挥了作用。1920年2月7日，苏俄红军统帅部与军团首脑达成停战协议，根据协议，军团各部队被集中遣往远东的符拉迪沃斯托克，随后被陆续遣返回国。

一战结束之后，根据战胜国最高司令福煦的提议，独立后的捷克斯洛伐克政府在1920年7月设立了一战胜利奖章。根据要求，奖章发给在第一次世界大战中参与对同盟国作战的人员，包括参与捷克斯洛伐克军团以及对捷克斯洛伐克独立有贡献的人员。据统计，捷克斯洛伐克一战胜利奖章共发行约89500枚。

捷克斯洛伐克一战胜利奖章是由捷克著名的雕塑家奥特卡·斯帕尼尔（Otakar Španiel）设计的。奖章材质为青铜，直径为36毫米，它的正面是一名长有翅膀的胜利女神形象，头朝向右手边，右手拿着椴树叶（捷克斯洛伐克国树叶），左手持剑，剑身朝下。奖章的背面中央是捷克斯洛伐克的国徽双尾狮的形象，国徽两侧刻着第一次世界大战开始和结束的年份，1914和1918，国徽的周围环绕着十片树叶，奖章的边缘用捷克斯洛伐克语刻着 "Světová válka za civilizaci"（为了文明的伟大战争）。

▲ 奥特卡·斯帕尼尔的雕像

▲ 捷克斯洛伐克一战胜利奖章

希腊一战胜利奖章

　　从15世纪一直到19世纪初，希腊一直处于奥斯曼土耳其帝国的统治之下。1821年希腊爆发独立运动，1822年希腊宣布独立，1830年得到当时欧洲英法俄土等主要大国的承认获得独立，1932年希腊成为独立王国。在第一次世界大战爆发后，希腊王国的首相维尼泽洛斯主张希腊加入协约国一方对同盟国尤其是德国的同盟者土耳其作战；而国王康斯坦丁一世由于和德国皇室有姻亲关系，同情同盟国家，反对自己的国家加入对德国的战争，赞成中立。两派不断斗争，到1915年时任首相维尼泽洛斯被国王免职，但在英法等国支持下，维尼泽洛斯1916年10月在萨洛尼卡另立政府与雅典政府抗衡。1917年6月康斯坦丁一世在协约国的胁迫下宣布退位，并离开希腊，由次子亚历山大继位。维尼泽洛斯继续担任希腊政府首相，随后加入协约国向同盟国宣战。

　　1918年5月，希腊动员了20多万军队，配合协约国在马其顿、塞尔维亚和保加利亚等战线向同盟国发起攻势，并取得一定的进展。到当年9月，保加利亚投降，10月奥斯曼土耳其帝国也宣布投降，希腊军队和协约国军队一起进入了土耳其首都伊斯坦布尔。希腊的参战对结束战争起到了一定的作用。以此为契机，希腊也得以以胜利国的姿态参加了巴黎和会。

　　战后，希腊王国政府在1920年10月6日颁发法令，设立了一战胜利奖章。根据法令，在1917年6月14日和1918年11月25日期间服役满三个月的现役军人，或者在战争中负伤或阵亡，都可以获得一战胜利

▲ 反映1919年在巴黎参加一战胜利阅兵穿过凯旋门的希腊军队的画作

奖章。而海军则需要在战争期间服役满一年。根据统计，希腊一共颁发一战胜利奖章约20万枚。

　　该奖章的设计者是亨利-尤金·诺科（Henry-Eugène Nocq）。奖章的正面依然是张开着翅膀的胜利女神的形象，看着正前方，她左手持橄榄枝，右手高举着花环。边缘7点位置刻着设计者的名字"Henry Nocq"。奖章的背面最上面用希腊文写着"为了文明的世界大战"，文字下面是希腊神话中的半人半神大力神赫拉克勒斯婴儿时的浮雕，表现了他双臂分别被两条蛇所缠住，双膝跪于地，正在和蛇搏斗的造型。下方是第一次世界大战胜利国

◀▼ 带有一战胜利奖章的一排希腊阅兵式联排章及勋略

▲ 希腊一战胜利奖章

葡萄牙一战胜利奖章

在第一次世界大战爆发时，葡萄牙选择了中立，但随着德国无限制潜艇战的开始和德国在德属东非与协约国战事的扩大影响到了与德国属东非接壤的葡属安哥拉，促使葡萄牙慢慢倒向了协约国。1915年1月，葡萄牙国会投票通过与英法结盟，但此时并没有直接参加对德作战，只是对英国陆军和海军给予协助。到1916年年初，葡萄牙应英国政府的要求，扣留了在葡萄牙港口的德国商船和船员，随后德国向葡萄牙宣战。到1917年年初，葡萄牙组建了一支55000人的远征军派往西线与德军作战。远征军为一个军团，下辖两

的名单，分为两列。左边从上到下是英国、美国、比利时、法国、希腊、意大利、日本。右边从上到下是黑山（门第内哥罗）、葡萄牙、俄罗斯、罗马尼亚、塞尔维亚、泰国等。奖章的最下方刻着"1914—1918"，表明了战争开始和结束的时间。

▼ 一战中的葡萄牙军队　　　▶ 葡萄牙一战胜利奖章

个师和炮兵等支援部队。葡萄牙远征军配合协约国在西线参加了一系列战役，除了在欧洲战场作战，葡萄牙也在葡属非洲配合英国与德国军队作战。到1918年11月战争结束，葡萄牙共阵亡8145人，伤亡13751人，失踪和被俘12318人，也付出沉重的代价。

战争结束后，根据1919年7月15日葡萄牙总统曼努埃尔·阿里亚加签署的法令，在1916年3月9日之后参与和同盟国作战的葡萄牙军人以及与德属东非军队在东非作战的葡萄牙军人都可以获得葡萄牙一战胜利奖章。根据统计，葡萄牙一战胜利奖章大约颁发了10万枚。

葡萄牙一战胜利奖章是若昂·达席尔瓦（João Da Silva）设计的。奖章同样是由青铜铸造，直径36毫米，圆形，正面同样是胜利女神的形象，她翅膀张开，目视前方，右手持棕榈叶，左手持有桂冠。奖章的背面相对比较简单，中间是用葡萄牙文书写的"MEDALHA DA VITTORIA"（胜利奖章）表明了奖章的性质，文字分为三行，文字中间一行还雕刻有葡萄牙国徽造型的盾牌和十字图案。

巴西一战胜利奖章

在第一次世界大战爆发之前，巴西领土和人口在拉丁美洲首屈一指。在1822年独立之后，除了在1864—1870年联合阿根廷、乌拉圭打赢了巴拉圭战争之外，国内环境相对安静，经济也得到了发展，但同当时欧洲强国相比仍有不小的差距。根据当时的统计，巴西实力只属于当时强国的边缘，军队在战前只有2万多人，海军方面只拥有两艘驱逐舰和两艘巡洋舰。巴西的外交重心主要放在促进对外贸易上，特别是巴西的支柱产业咖啡的出口上。一战爆发后，巴西政府无意卷入这场冲突，因为巴西和所有交战国家都有不小的贸易往来，因此巴西在战争爆发初期即8月4日便选择了中立。

但随着德国海军宣布实行无限制潜艇战，多艘巴西商船被击沉，这给巴西的海外贸易带来了惨重的损失，逐渐把巴西推向了协约国方面。而意大利、罗马尼亚、美国以及巴西原来的宗主国葡萄牙的参战也对巴西产生了很大的影响。1917年10月，又一艘巴西商船在西班牙沿海被德国潜艇击沉，三天后巴西国会宣布同德国进入战争状态，随后巴西向协约国提供了一定数量的飞行员和近百名医务人员，并将巴西的军舰部署到欧洲。虽然舰队到达直布罗陀之时第一次世界大战已经结束，但这并不妨碍巴西以战胜国的身份参加了凡尔赛和会。

1923年6月22日，巴西政府颁发法令，设立巴西一战胜利奖章，在欧洲服役的飞行员、医务人员以及派往欧洲战场的海军官兵都可以获得奖章。据统计，

► 巴西一战胜利奖章获颁证书

▲ 极其罕见的巴西一战胜利奖章

▲ 巴西一战胜利奖章的设计者豪尔赫·苏布雷

▲ 一战中的古巴关塔那摩基地

的攻击以及齐默曼电报的影响，在1917年4月2日美国对德国宣战，几乎在同时，古巴也对德国宣战，并在12月6日对奥匈帝国宣战。

古巴军事实力相对比较弱小，尽管无法派军队到欧洲直接作战，但古巴地理位置相对重要，处于美国佛罗里达和中美洲之间的加勒比海上，成为通往墨西哥湾的钥匙，是美国海军与德国潜艇作战的重要基地。战争中，古巴动员了25000名军事人员，用以保护西印度群岛以免受德国潜艇的攻击。

在战争结束之后，古巴政府在1922年6月10日发布法令，设立古巴一战胜利奖章，颁发给在1917

巴西一战胜利奖章约颁发2500枚，是最为稀少的一战胜利奖章之一。

巴西一战胜利奖章同样是圆形，铜质，它的设计者是豪尔赫·苏布雷（orge Soubre）。奖章的正面是胜利女神的形象，她翅膀张开，左手拿桂冠，右手拿棕榈枝，奖章的边缘环绕有棕榈叶。奖章的背面边缘同样环绕有棕榈叶，上方边缘用葡萄牙文写有 "GRANDE GUERRA PERACIVILISAÇÃO"（为了文明的伟大战争），文字下方是协约国各国的标志，最上方的是英国，然后顺时针往下依次是法国、美国、塞尔维亚、黑山、葡萄牙、意大利、比利时、日本和俄罗斯。

古巴一战胜利奖章

1898年美西战争以后，古巴名义上取得了独立，但事实上成了美国的"保护国"，其后美国多次派兵干涉古巴内政，在第一次世界大战开始后，古巴跟随美国选择了中立。随着德国无限制潜艇战对美国商船

▲ ► 古巴一战胜利奖章

年4月—1919年1月13日之间在军队服役的军人和医务人员。据统计，古巴的一战胜利奖章约颁发了6000～7000枚。

该奖章的设计者是法国一战胜利奖章民间版设计者之一的夏尔·夏尔，材料也是铜制。同法国胜利奖章民间版之一的正面一样，古巴一战胜利奖章正面是一名拥有翅膀，张开双臂，右手持有短剑，左手握有橄榄枝的胜利女神形象的浮雕，底部边缘5点钟方向刻着设计师的名字"C.Charles"。背面顶端用西班牙语刻着"LA GRAN GUERRA POR LACivilización"（为了文明的伟大战争），文字下方是古巴的国徽，两侧是由月桂树和橡树叶形成的图案作为点缀。国徽两侧是一战协约国的名字，分为两列。

泰国（暹罗）一战胜利奖章

从19世纪晚期开始，泰国持续受到英法等国的侵略，相继失去马来省和湄公河东岸大量土地。但由于其处于英法两国的夹缝中间，因此保持了政治的独立，避免了成为殖民地的命运。第一次世界大战爆发后，泰国为了避开战祸，防止列强趁火打劫，在荷兰海牙发表了中立宣言。直到1917年，随着中国、美国相继加入协约国，英美法等国也督促泰国参战，泰国开始改变自己的中立立场，在1917年7月22日宣布同德国、奥匈帝国宣战。当晚，泰国曼谷警察抓获大批德国和奥匈帝国商人，并扣押了他们的财产。随后，泰国海军还将因逃避协约国军舰追捕而逃入泰国港口的多艘德国货船悉数没收。

1918年6月，由1284名志愿者组成的泰国远征军被派往法国，与协约国共同作战。远征军包括一个飞行大队（未参战）、一个汽车兵运输大队和一个与美军协同作战的步兵大队。泰国远征军和协约国一起，参与了对德国的攻势。1919年6月28日，泰国以战胜国的身份在《凡尔赛和约》上签字，随后又成为国际联盟的成员国。泰国参加第一次世界大战也得到了回报，英法等国在战后取消了在泰国的治外法权，并将

▼ 参加一战的泰国远征军

关税自主权归还给泰国。

战后，泰国国王拉玛六世在1921年设立了泰国一战胜利奖章，颁发给在1917—1918年参加远征军与同盟国作战的军人，根据统计，泰国一战胜利奖章颁发了约1500枚。

泰国一战胜利奖章的设计者是王室成员、建筑师伊提瑟普森·克里塔卡拉（Itthithepsan Kritakara）。奖章同样为圆形，不于欧洲国家通常使用的胜利女神的形象，泰国一战胜利奖章的正面是印度教中的主神毗湿奴的形象，持有剑等神器，站在莲花之上。毗湿奴是印度叙事诗中地位最高的神，掌管维护宇宙之权，与湿婆神二分神界权力。其性格温和，对信仰虔诚的信徒施予恩惠，而且常化身成各种形象，拯救危难的世界。泰国虽然信仰小乘佛教，但临近印度，文化上也深受印度文化的影响，印度教的三大主要神在泰国也有很大的影响。毗湿奴形象的四臂持有圆轮、

法螺贝、棍棒、莲花这四样法器，骑在迦楼罗上。迦楼罗是古印度神话传说中记载的一种巨型神鸟，在印度教中是三大主神之一毗湿奴的坐骑。而在奖章的背面，则用四行泰文写着"为了文明的伟大战争"，文字周围则辅以一圈装饰环。泰国一战胜利奖章是颁发数量最少的一战胜利奖章。

今年，距离第一次世界大战爆发已经103年了，当年战争的参与者和亲历者也早已逝去，留下的只有历史记录。战争给整个人类造成的损失是惊人的，整个一战造成3000多万人伤亡，带来的财产损失在当时的币值约有3000亿美元，让欧洲众多城市沦为废墟。可以说，这场战争的本质是两大帝国主义军事集团为了瓜分世界，争夺世界霸权而进行的战争，所以这场战争的本身是非正义的。战争结束后，虽然协约国统一颁发了一战胜利奖章，但真正意义上来说参战各国并没有胜利者。

▲ *最为稀少的泰国一战胜利奖章*

- G -

德国
Deutschland / Germany

德意志邦国和帝国时期（至1918）

不伦瑞克公国
汉诺威王国
黑森-达姆施塔特大公国
黑森-卡塞尔选侯国
霍亨洛厄侯国

万国勋章汇

作者：姚华 / 唐思

不伦瑞克公国
Herzogtum Braunschweig / Duchy of Brunswick

不伦瑞克公国统治家族的历史要从韦尔夫－埃斯特家族（Welf-Esten），或者是更早的埃斯特家族（Este）与韦尔夫家族（Welfen）说起。

首先说说韦尔夫家族，为了避免与下文中的韦尔夫－埃斯特家族混淆，史书上多将它称为"老韦尔夫家族"（Ältere Welfen）。根据一些扑朔迷离的传说，这个家族的先祖曾与匈奴王阿提拉（Attila）的廷臣关系密切，不过目前公认的家族始祖是阿根高伯爵（Graf im Argengau）鲁特哈德（Ruthard），他是矮子丕平（Pippin der Jüngere）麾下的法兰克贵族。

到了公元9世纪，此时的法兰克王国正值加洛林王朝（Carlovingian）时期，这个家族中有一位叫韦尔夫的人因与王国的统治者私交甚密，被封为阿特多夫伯爵（Graf von Altdorf），后人便将家族名字定为"韦尔夫家族"。史书上对这位韦尔夫伯爵的记载并不多，但他的两个女儿非常出名：长女尤迪斯（Judith von Bayern）于819年嫁给法兰克王国国王"虔诚者"路易（Ludwig der Fromme），生下"秃头"查理（Karl der Kahle，后建立西法兰克王国）；次女艾玛（Emma von Altdorf）于827年被许配给路易的三子"日耳曼人"路易（Ludwig der Deutsche），后成为东法兰克王国的王后。后来韦尔夫伯爵的儿子康拉德一世（Konrad I.）被封为欧塞尔伯爵（Graf von Auxerre），今日的欧塞尔是法国勃艮第大区（Bourgogne）的约讷省（Yonne）首府，这里接近当时的上勃艮第，这也为韦尔夫家族取得勃艮第奠定了基础。

858年，康拉德一世同家人背弃曾对"日耳曼人"路易许下的誓言，转而效忠自己的外甥"秃头"查理，恼怒的"日耳曼人"路易没收了康拉德一世在巴伐利亚的采邑，但后者从自己的新任君主手里获得了丰厚的补偿。876年康拉德一世死后，长子康拉德二世（Konrad II.）继承了欧塞尔伯爵爵位，幼子韦尔夫一世（Welf I.）早在父亲在世时就去了士瓦本发展。至此韦尔夫家族分成了勃艮第与士瓦本两个分支。

先来介绍勃艮第支系。881年"秃头"查理的孙子"胖子"查理（Karl der Dicke）被加冕为"罗马人的皇帝"，重新统一了查理大帝（Karl der Große）统治过的全部疆土，但他的统治非常虚弱，国家的统一很大程度上是空有其表。查理大帝之后，加洛林王室一直享有罗马皇帝头衔，但在萨克森王朝的奥托一世皇帝（Otto der Große，即奥托大帝）之前该头衔并没有实际上的帝国，直到霍亨斯陶芬王朝的"红胡子"弗里德里希一世（Friedrich I. Barbarossa）将头衔改为神圣罗马帝国皇帝。仅仅过了六年，887年"胖子"查理被他的侄子卡林西亚边疆伯爵（Markgraf von Karantanien，卡林西亚又译克恩顿）阿努尔夫（Arnulf von Kärnten）废黜并取代。

"胖子"查理的垮台标志着统一的法兰克国家走到终点，不久各地贵族纷纷自立：东法兰克和洛林归属阿努尔夫；巴黎伯爵厄德（Eudes de France）占据了西法兰克；上勃艮第（Hochburgund）由康拉德二世的独子鲁道夫一世（Rudolf I.）继承；下勃艮第（普罗旺斯，Niederburgund）归路易三世（Ludwig der Blinde，即"瞎子"路易）。

阿努尔夫当然不会坐视各地贵族自立为王，很快前来镇压的军队兵临上勃艮第。鲁道夫一世共与阿努尔夫交手两次，连战连捷，最终后者被迫承认上勃艮第独立的事实。912年，鲁道夫一世去世，其子鲁道夫二世（Rudolf II.）继位。鲁道夫二世积极向意大利扩张势力。而在此前的905年路易三世在维罗纳（Verona）败于意大利国王贝伦加尔一世（Berengar

I.）之手，贝伦加尔一世刺瞎了路易三世的眼睛，以作为后者食言的代价（路易三世曾在902年战败时许诺今生不会再踏入意大利半岛一步）。成为瞎子后的路易三世不得不委认国内最大的贵族同时也是自己的姐夫雨果（Hugo von Provence）为摄政。值得一提的是，瞎子路易的姐姐薇拉（Willa von Burgund）原为上勃艮第鲁道夫一世的妻子，鲁道夫一世死后改嫁雨果。巧合的是，雨果也把扩张的目光放在了意大利，926年他击败上勃艮第国王鲁道夫二世成为意大利国王。仍握有意大利北部大片地区的鲁道夫二世并未罢休，厉兵秣马准备再次开战。

公元933年，鲁道夫二世与雨果决定通过和谈解决争端，最终结果为鲁道夫二世用意大利换取雨果手中的下勃艮第（普罗旺斯王国），勃艮第实现了统一。统一后的勃艮第王国将首都迁到原普罗旺斯王国都城阿尔勒（Arles），因此这个国家更多时候被称为"阿尔勒王国"，而雨果则成为意大利国王雨果一世（Hugo I.），作为交易的附加条件，鲁道夫二世把女儿阿德莱德（Adelheid von Burgund）嫁给了雨果的儿子洛泰尔二世（Lothar II.）。

鲁道夫二世死于勃艮第统一四年后的937年，传位于长子康拉德一世。此人在家族内称康拉德三世（Konrad III.）但在统一后的勃艮第王国内称康拉德一世（Konrad I.）。在他执政期间的950年，自己的妹夫意大利国王洛泰尔二世去世，阿德莱德于一年后改嫁给了"捕鸟者"亨利（Heinrich der Vogler）的儿子奥托一世（日后的奥托大帝），康拉德一世从这次联姻中受益颇丰。993年康拉德一世的儿子鲁道夫三世继承父亲的王位，他的执政能力非常糟糕，根本无力控制国内日益壮大的贵族势力，权衡之下他将这个难题抛给了强大的邻居神圣罗马帝国皇帝康拉德二世（Konrad II.）。1032年鲁道夫三世去世，死后无嗣，康拉德二世根据先前的协议吞并了勃艮第王国，韦尔夫家族勃艮第支系至此退出历史舞台。

上文说到韦尔夫家族创始人韦尔夫伯爵有两个孙子，长孙康拉德二世成为欧塞尔伯爵，另一个孙子韦尔夫一世前往士瓦本发展，历史上对于这位建立了士瓦本支系的韦尔夫一世着墨很少，据推测他可能跟先祖鲁特哈德一样被封为阿根高伯爵。好景不长，当自己的父亲康拉德一世在858年改变阵营后，韦尔夫一世被恼怒的旧主"日耳曼人"路易没收封地和爵位，之后他便消失在了历史长河之中。此后家族传承陷入了一段无任何记载的空白期，直到阿特多夫伯爵鲁道夫二世（Rudolf II.）。这位鲁道夫二世的来历十分模糊，据说是韦尔夫一世的后代，他迎娶了士瓦本公爵（Herzog von Schwaben）康拉德一世（Konrad I. von Öhningen）的女儿艾塔

（Ita von Öhningen），依靠岳父的势力终于在士瓦本有了立足之地。鲁道夫二世死于990年，长子康拉德（Konrad von Altdorf）继承阿特多夫伯爵爵位，次子韦尔夫二世（Welf II.）受封士瓦本伯爵。

1024年，神圣罗马帝国皇帝亨利二世（Heinrich II.）驾崩，死后无嗣，康拉德二世被推举为新君。选举过程并非一帆风顺，包括韦尔夫二世在内的许多贵族强烈反对康拉德二世，但迫于情势最终不得不看着后者登上帝位。一年后的1025年，韦尔夫二世与其他反对者一道聚集在士瓦本公爵恩斯特二世（Ernst II.）的反叛旗帜下，1027年叛乱无疾而终。

韦尔夫二世仅有韦尔夫三世（Welf III.）和库妮贡德（Kunigunde von Altdorf）一双儿女，韦尔夫三世受封卡林西亚公爵（Herzog von Kärnten），他死于1055年，没有留下子嗣，韦尔夫家族士瓦本支系的历史就此结束。

这里介绍下意大利的埃斯特家族。据爱德华·吉本（Edward Gibbon，《罗马帝国衰亡史》的作者）的推测，罗马帝国为了保护意大利不受东哥特人的侵扰，曾让许多罗马居民迁移至埃斯特为帝国戍边，其中就有埃斯特家族的先人，不过目前仅有少量证据支持这一论断。相反，从早期家族成员的名字上看，他们更像是法兰克人。目前能从文献中查到最早的一个家族成员是阿达尔贝特边疆伯爵（Markgraf Adalbert），他的儿子意大利行宫伯爵（Pfalzgraf von Italien）奥贝托一世（Oberto I Obizzo）后来成为伊夫雷亚边疆伯爵（Markgraf von Ivrea）贝伦加尔二世（Berengar II. 后来的意大利国王）的忠实盟友。奥贝托一世有两个儿子，米兰边疆伯爵（Markgraf von Mailand）阿尔贝托·阿佐一世（Alberto Azzo I.）和热那亚伯爵（Graf von Genua）乌戈（Ugo）。阿尔贝托·阿佐一世死后，其子阿尔贝托·阿佐二世（Alberto Azzo II.）继承爵位，他在帕多瓦（Padua）附近的埃斯特修建了一座城堡，并以此将自己的家族命名为"埃斯特家族"，阿尔贝托·阿佐二世于1035年迎娶了韦尔夫家族士瓦本支系最后的血脉库妮贡德，并获得了后者在士瓦本的财产。

红颜薄命的库妮贡德仅为丈夫生了一个孩子韦尔夫四世（Welf IV.）便于1054年去世，终年34岁。阿尔贝托·阿佐二世的第二任妻子是缅因伯爵（Graf von Maine）赫伯特一世（Herbert I.）的女儿格尔瑟德（Garsende von Maine），并育有雨果五世（Hugo V.）和富尔克一世（Fulco I.）两个孩子。

1097年阿尔贝托·阿佐二世过世，同父异母的三兄弟就遗产继承问题达成一致：韦尔夫家族在士瓦本地区的财产划归韦尔夫四世；雨果五世接手外公的财富成为缅因伯爵；富尔克一世继承父亲的米

兰边疆伯爵爵位。至此，埃斯特家族分成富尔克-埃斯特（Fulc-Este，简称埃斯特）与韦尔夫-埃斯特（又称小韦尔夫家族Jüngeren Welfen）两个支系。

富尔克-埃斯特支系统治着摩德纳（Modena）、费拉拉（Ferrara）等地直到1803年绝嗣，因与后文内容无联系，故不再详述。

接下来着重介绍韦尔夫-埃斯特支系。韦尔夫四世继承了舅舅的遗产后，迎娶了巴伐利亚公爵（Herzog von Bayern）奥托二世（Otto II.）的女儿埃塞琳德（Ethelinde von Northeim）。1070年因在与国王亨利四世（Heinrich IV.，此时他还未被加冕为皇帝）的权力争斗中失利，国王剥夺了奥托二世的爵位，转而封给了韦尔夫四世。受封后改称韦尔夫一世的巴伐利亚公爵于1099年参加了第一次十字军东征，1101年返程途中遭到伏击，不久便撒手人寰。

韦尔夫一世死后，长子韦尔夫二世（Welf II.，在家族内称韦尔夫五世）继承巴伐利亚，但他早逝无嗣，弟弟海因里希九世（Heinrich IX. der Schwarze，即"黑人"海因里希）便接管了家族所有的遗产。海因里希九世娶了萨克森公爵（Herzog von Sachsen）马格努斯（Magnus）的女儿伍夫希尔德（Wulfhild von Sachsen）为妻，当仅育有两个女儿的马格努斯死后，海因里希九世本以为可以获得岳父的遗产，不想亨利五世皇帝（Heinrich V.）将萨克森公爵封给了苏普林堡的洛泰尔（Lothar von Süpplingenburg），这让海因里希九世非常气愤。1125年亨利五世皇帝去世，洛泰尔用独女格特鲁德（Gertrud von Sachsen）嫁给海因里希九世儿子海因里希十世（Heinrich X.der Stolze，即"傲慢的"海因里希），并答应自己死后海因里希十世可以继承萨克森的方法，换取后者的支持并成功登上皇位成为洛泰尔二世。一年后，"黑人"海因里希去世，海因里希十世继承巴伐利亚公爵爵位，另一子韦尔夫六世（Welf VI.）受封托斯卡纳边疆伯爵（Markgraf von Tuszien）。1137年洛泰尔皇帝病死，"傲慢的"海因里希以前任皇帝女婿的身份竞选王位，但忌惮于韦尔夫-埃斯特家族强大势力的诸侯们最终选择了来自斯陶芬家族（Staufen，斯陶芬后来也称霍亨斯陶芬Hohenstaufen）的士瓦本公爵康拉德三世（Konrad III.），此后两家结下深仇。纷争开始后不久康拉德三世便以海因里希十世拒绝向君主宣誓效忠为由，没收了他名下巴伐利亚与萨克森两处领地并重新封予他人：奥地利边疆伯爵（Markgraf von Österreich）"慷慨的"利奥波德（Leopold der Freigiebige）拿到了巴伐利亚；萨克森给了勃兰登堡边疆伯爵（Markgraf von Brandenburg）"黑熊"阿尔布雷希特一世（Albrecht der Bär）。

1139年，正当成功肃清萨克森境内的敌人，准备向巴伐利亚进军之际，"傲慢的"海因里希暴病身亡，留下妻子格特鲁德抚养尚未成年的独子"狮子"海因里希（Heinrich der Löwe，我国史书一般称其为"狮子亨利"）。

1142年康拉德三世归还了萨克森。由于海因里希与康拉德三世的侄子"红胡子"弗里德里希一世（Friedrich I. Barbarossa）关系甚密，使得后者继承皇位后，巴伐利亚于1156年回到小韦尔夫家族手中。

在"红胡子"弗里德里希一世登基初期巩固皇权的过程中，"狮子"海因里希一直是这位皇帝表哥忠实的支持者，他带领麾下的骑士在战场上为皇帝扫平一个又一个反对势力。1154年当皇帝首次进军意大利时，海因里希毫不犹豫地参加了远征，他在克雷马（Crema）和米兰（Milan）两场围攻战中有杰出表现。

作为一名骁勇善战的指挥官，"狮子"海因里希对向外扩张有着无比的热情。他带兵越过易北河，占领了大片斯拉夫部落居住的土地，这些事迹被德国历代历史编纂者大加赞扬。在这片新的土地上，慕尼黑（München，1157年建成）和吕贝克（Lübeck，1159年建成）拔地而起，此外他还命人修筑了奥格斯堡（Augsburg）、希尔德斯海姆（Hildesheim）、施塔德（Stade）、卡塞尔（Kassel）、居斯特罗（Güstrow）、吕讷堡（Lüneburg）、萨尔茨韦德尔（Salzwedel）、什未林（Schwerin），以及作为公国首府的不伦瑞克。大约在1166年，"狮子"海因里希铸造了一尊青铜雄狮雕像并将它树立在不伦瑞克的中心广场上，这是阿尔卑斯山脉以北最早的露天青铜像，今天它仍是不伦瑞克的标志。

通过战场上无情的征伐与圆滑的政治手段，"狮子"海因里希治下的土地在急剧增加，随之而来的还有各方势力的忌惮与敌视。1147年他迎娶了宰林根公爵康拉德一世（Konrad I. von Zähringen）的女儿克莱门蒂娅（Clementia von Zähringen），以此获得在士瓦本地区的土地和影响力。但这段婚姻只维持了15年，1162年在"红胡子"弗里德里希一世的施压下以离婚收场，因为后者绝不能容忍韦尔夫家族的势力染指自己的领地（此时的士瓦本已成为弗里德里希一世所属霍亨斯陶芬家族的地盘），皇帝给了海因里希几处位于萨克森的城堡以作补偿。1168年"狮子"海因里希与英格兰国王亨利二世（Henry II of England）的女儿玛蒂尔达（Matilda of England）结婚。

1174年，弗里德里希一世准备对意大利发动第五次入侵并希望海因里希也参加远征，但此时的"狮子"海因里希提出用"帝王之城"

（Kaiserstadt[①]）戈斯拉尔换取自己出兵，皇帝断然拒绝了这一要求，两人关系恶化。

"红胡子"弗里德里希一世的军事行动以惨败而告终，恼怒的皇帝将责任归结于海因里希的不配合，很快他召集了一批诸侯组成联盟向海因里希发难。1180年，皇帝借故没收了海因里希除不伦瑞克和吕讷堡以外所有的领地并分发给其他诸侯。海因里希虽进行了反抗无奈实力相差太大，且自己的盟友纷纷倒戈，1182年被驱逐出境，只得投奔自己的岳父亨利二世，此后海因里希一直试图拿回领地但收效甚微。1189年"红胡子"弗里德里希一世死在第三次十字军东征的路上，其子亨利六世（Heinrich VI.）继位，海因里希再次拿起武器反对新王，但当认识到不可能迫使亨利六世屈服后，他最终与霍亨斯陶芬家族和解了，晚年的"狮子"海因里希积极赞助艺术和建筑事业，1195年平静离世，后来他的儿子在亨利六世死后被推举为神圣罗马帝国皇帝，称奥托四世（Otto IV.），他是唯一一位成为皇帝的韦尔夫家族成员。

奥托四世的统治于1214年被霍亨斯陶芬家族推翻，他的侄子"孩童"奥托（Otto das Kind）建立不伦瑞克-吕讷堡公国（Herzogtum Braunschweig-Lüneburg），此后这个家族更多地被称为"不伦瑞克家族"。1345年起不伦瑞克家族陷入分裂，先后出现不伦瑞克-吕讷堡（Braunschweig-Lüneburg）、不伦瑞克-沃尔芬比特尔（Braunschweig-Wolfenbüttel）、不伦瑞克-哥廷根（Braunschweig-Göttingen）、不伦瑞克-格鲁本哈根（Braunschweig-Grubenhagen）等诸多支系，最后只有吕讷堡和沃尔芬比特尔支系坚持到了最后，其他纷纷绝嗣，其中不伦瑞克-吕讷堡已于1692年改称"汉诺威"（Hanover）。

1815年维也纳会议后，不伦瑞克公国建立，不伦瑞克-沃尔芬比特尔家族再次成为公国统治者。

1866年的普奥战争爆发前夕，不伦瑞克公国在最后一刻决定倒向普鲁士王国，由此躲过了被兼并的命运。而与不伦瑞克同宗同源的邻国汉诺威王国在战争中支持奥地利，普奥战争以奥地利战败而告终，汉诺威因而被普鲁士吞并。1871年德意志帝国成立后，不伦瑞克公国成为它的邦国之一。

1884年威廉公爵无嗣而终，普鲁士在帝国议会上施加压力，签署法令禁止敌对的、拥有继承权的汉诺威支系的埃斯特-韦尔夫家族成员继承不伦瑞克公爵爵位，转而由普鲁士委派摄政管理公国。

1913年5月24日汉诺威末任国王格奥尔格五世Georg V. von Hannover）的孙子恩斯特·奥古斯特三世（Ernst August Ⅲ. von Hannover）与德皇威廉二世的女儿维多利亚·露易丝（Viktoria Luise von Preußen）结婚，后来继承不伦瑞克公爵爵位，不伦瑞克再次回到埃斯特-韦尔夫家族手中。

"狮子"海因里希勋章
Orden Heinrichs des Löwen / Order of Henry the Lion

设立时间： 1834年4月25日

级别： 大十字级、一级、一级指挥官级、二级指挥官级、军官十字级、一级骑士级、二级骑士级、四级，以及一级、二级功勋十字奖章和一级、二级荣誉奖章

授予标准： 建立卓越的军事与民事功绩

简介： 1834年4月25日，时任不伦瑞克公爵威廉（Wilhelm von Braunschweig）宣布设立一种以埃斯特-韦尔夫家族中最负盛名的"狮子"海因里希为名的新勋赏，表彰在军事和民事领域建立卓越功绩的人士。最初仅设有大十字级、一级指挥官级、二级指挥官级、骑士级共四个级别，以及一级和二级功勋十字奖章。1870年普法战争期间允许所有级别勋章皆可附加佩剑饰以示战争功绩。

1877年3月8日骑士级被拆为两个级别，原骑士级归为一级骑士级，同时新增二级骑士级。

1903年摄政的阿尔雷希特亲王（Albrecht von Preußen，德皇威廉一世的弟弟）下令增设表彰长期忠诚服务人员的银质荣誉奖章。1908年勋章条例进行了重大修改，新增一级、军官十字级与四级共三种勋章，又将原荣誉奖章拆分为银质的一级和铜级二级两个级别。至此，"狮子"海因里希勋章发展为大十字级、一级、一级指挥官级、二级指挥官级、军官十字级、一级骑士级、二级骑士级、四级，以及一级和二级功勋十字奖章、一级和二级荣誉奖章。1909年佩剑版勋章上的佩剑装饰由底部移至中央；同时出现一种绶章正上方附加佩剑的"悬剑版"，表示佩戴者已获得前一级佩剑版勋章。

"狮子"海因里希勋章的造型很有特色，大十字级、一级指挥官级、二级指挥官级、一级骑士级

① 当时的神圣罗马帝国并没有固定的首都，取而代之的是一批建有行宫的城市，被称为Kaiserstadt的历史上有亚琛（Aachen）、巴德伊舍（Bad Ischl）、巴登（Baden）、弗里茨拉尔（Fritzlar）、戈斯拉尔（Goslar）、凯泽斯劳滕（Kaiserslautern）、马格德堡（Magdeburg）、维也纳（Wien）、沃尔姆斯（Worms）共九座城市。

与二级骑士级的式样为带王冠的马耳他十字形，王冠底下有一只行走的雄狮，两侧点缀着月桂枝叶。绶章上每两条十字臂间饰有戴冠字母"W"（代表设立者威廉公爵）。勋章正面中心红色圆盘上绘有奔驰在圆柱前的萨克森战马（Sachsenross）纹章，周边十字臂上分别绘着孔雀羽毛与盔甲图案。勋章背面中心红色圆盘上刻着金色铭文"IMMOTA FIDES"（永远忠诚），外圈则是设立年份"MDCCCⅩⅩⅩIV"（1834年），除二级骑士级

为银色外，其他级别勋章皆为金色。此外在正式场合，大十字级勋章会通过一条华丽的项链佩戴。

而1908年增设的一级、军官十字级、四级这三种勋章仅有简洁的马耳他十字造型。其中一级勋章为领绶，正面中心刻着戴冠字母"W"，背面为铭文"IMMOTA FIDES"；军官十字级正面中心绘着奔驰在圆柱前的萨克森战马纹章，通过背面的竖形别针来佩戴；四级勋章为襟绶，章体上除中心处绘有萨克森战马纹章外，十字臂上无任何珐琅。

▶ 链授级"狮子"
海因里希勋章

▶ "狮子"海因里希勋章获颁证书。供图/Hermann Historica

大十字级"狮子"海因里希勋章。供图/Hermann Historica

◀ 大十字级佩剑
"狮子"海因里
希勋章绶章

◀ 大十字级挂剑
"狮子"海因里
希勋章绶章

◀◀ 大十字级佩
剑"狮子"海因里
希勋章星章

◀ 大十字级悬剑
"狮子"海因里
希勋章绶章

▲ 一级"狮子"海因里希勋章绶章。供图/Carsten Zeige   ▲ 一级佩剑"狮子"海因里希勋章绶章

▲ ▶ 一级"狮子"海因里希勋章星章。供图/Carsten Zeige

▲ ▶ 一级佩剑"狮子"海因里希勋章星章

▲ 一级悬剑"狮子"海因里希勋章绶章

▲ ▶ 一级指挥官级"狮子"海因里希勋章星章。供图/Hermann Historica

▲ ▶ 指挥官级"狮子"海因里希勋章星章。供图/Hermann Historica

▲ 指挥官级悬剑"狮子"海因里希勋章绶章

▲ 指挥官级"狮子"海因里希勋章绶章。供图/Künker

► 指挥官级佩剑"狮子"海因里希勋章绶章

▲ 指挥官级挂剑"狮子"海因里希勋章绶章

▲▶ 军官十字级"狮子"海因里希勋章。供图/Carsten Zeige

▲▶ 军官十字级佩剑
"狮子"海因里希勋章

▲ 一级骑士"狮子"海因里希勋章。供图/Carsten Zeige

▲▶ 一级骑士挂剑"狮子"海因里希勋章

► 一级骑士佩剑"狮子"海因里希勋章

▲ 一级骑士悬剑"狮子"海因里希勋章

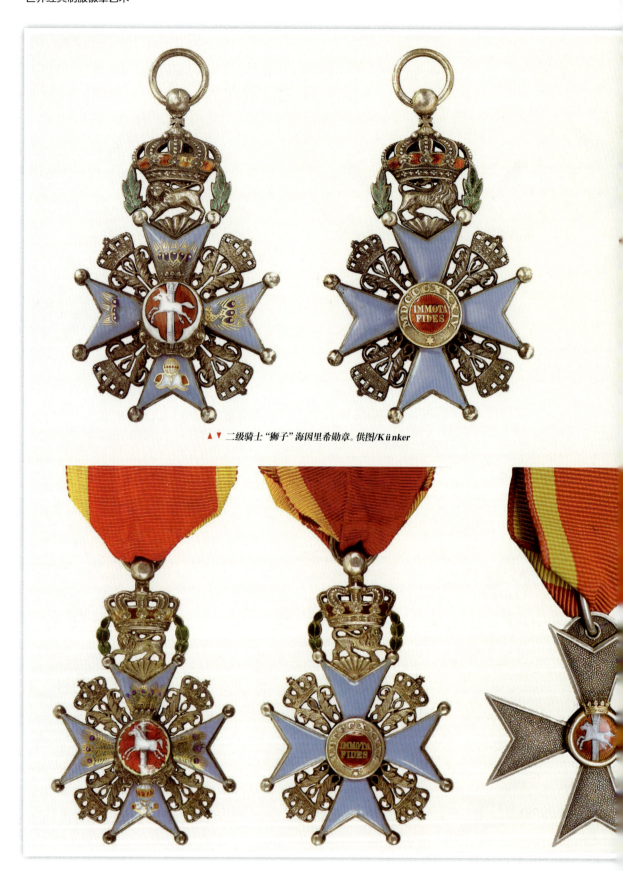

▲▼ 二级骑士"狮子"海因里希勋章。供图/Künker

士挂剑"狮子"海因里希勋章　　　　　▲ 二级骑士悬剑"狮子"海因里希勋章　　　　　▲ 二级骑士佩剑"狮子"海因里希勋章

◀ 四级"狮子"海因里希勋章　　　　　▲ 四级佩剑"狮子"海因里希勋章

此勋章为大十字级、一级、一级指挥官级和指挥官级配备了星芒章。大十字级星章为银质八角形，其上镶嵌一枚浅蓝色十字形绶章，中央为戴冠字母"W"，外侧红色圆环上刻有"IMMOTA FIDES"铭文。一级星芒章同为银质八角形，中心圆盘上绘着奔驰在圆柱前的萨克森战马纹章，正上方为孔雀羽毛装饰，底部是盔甲造型，外圈蓝色圆环上为"IMMOTA FIDES"字样。而一级指挥官和指挥官级星芒章呈马耳他十字形，且尖角处缀有小球，十字臂间饰有戴冠字母"W"，正中红色圆盘上有"IMMOTA FIDES"铭文，外圈为月桂与橡叶所组成的花环，底部有设立日期"MDCCCⅩⅩⅩIV"字样。四种星芒章皆可有佩剑版。

"狮子"海因里希勋章被世人称为最漂亮的德意志勋章之一，但此勋章项下的两种奖章却显得非常简洁。

第一种奖章名为"功勋十字奖章"，正面中央为戴冠字母"W"，铭文"IMMOTA FIDES"分四行刻在十字臂上；背面空白无图案，仅底部有戳记。与二级奖章相比，一级功勋十字奖章除了采用银镀金工艺外，它的十字臂间还饰有橡叶花环。

第二种奖章名为"荣誉奖章"，呈圆形，正面为戴冠字母"W"，外圈围绕着橡叶花环，奖章背面为橡叶枝托起的"IMMOTA FIDES"字样，铭文上方还有一颗星星。一级与二级奖章的区别仅在于材质上，前者为银质，后者则是铜质。

1918年随着德国战败与君主制度的崩溃，"狮子"海因里希勋章被废除，以下为后人从档案馆中整理出1834年至1918年间勋章的颁发情况：

大十字级421枚、佩剑版大十字级36枚（其中34枚为底部佩剑的旧版）、悬剑版大十字级13枚；

一级118枚、悬剑版一级2枚；

一级指挥官级468枚、佩剑版一级指挥官27枚（其中25枚为旧版）、悬剑版大十字级25枚；

▲ 末代不伦瑞克公爵恩斯特·奥古斯特三世的画像，他佩戴了大十字级"狮子"海因里希勋章星章。而绶章则以阅兵式联排的形式佩戴

二级指挥官级805枚、佩剑版一级指挥官级60枚（其中58枚为旧版）、悬剑版大十字级25枚；

军官级226枚、金色佩剑版军官级2枚、银色佩剑版军官级3枚；

一级骑士级1436枚（其中包括600余枚原"骑士级"）、佩剑版一级骑士级137枚（其中135枚为旧版）、悬剑版一级骑士级22枚；

二级骑士级1696枚、佩剑版二级骑士级87枚（其中79枚为旧版）、悬剑版二级骑士级1枚；

四级524枚、佩剑版四级1枚。

此外，一级功勋十字奖章共颁发了1837枚（其中佩剑版19枚）、二级功勋十字奖章3552枚（其中佩剑版143枚）、一级荣誉奖章1804枚、二级荣誉奖章796枚。

汉诺威王国
Königreich Hannover/ Kingdom of Hanover

▲ 不伦瑞克－吕讷堡公爵兼卡伦堡侯爵恩斯特－奥古斯特画像

前文说到韦尔夫－埃斯特家族（Welf－Esten）在建立不伦瑞克－吕讷堡公国（Herzogtum Braunschweig-Lüneburg）后，更多时候又被被称为"不伦瑞克家族"。自1345年不伦瑞克家族陷入分裂后，相继出现了诸多支系，但最终仅有不伦瑞克－吕讷堡（Braunschweig-Lüneburg）和不伦瑞克－沃尔芬比特尔（Braunschweig-Wolfenbüttel）两个支系坚持到了最后，其他纷纷绝嗣。

1692年，63岁的不伦瑞克－吕讷堡公爵兼卡伦堡侯爵（Fürst von Calenberg）恩斯特－奥古斯特（Ernst August von Braunschweig-Calenberg）被封为帝国第9位世袭选侯，鉴于卡伦贝格侯国的首府位于汉诺威（Hanover），这位爵爷就被称为"汉诺威选侯"，不伦瑞克－吕讷堡家族也由此改称"汉诺威家族"。

1658年信奉基督教新教的恩斯特－奥古斯特娶了英王詹姆斯一世（James VI and I）的外孙女索菲娅（Sophie von der Pfalz）为妻，此时的汉诺威选侯肯定想不到这桩婚姻与自己的新教信仰会让自己的儿子在斯图亚特王朝绝嗣后继承英国王位。

1688年，英国资产阶级和新贵族发动了推翻詹姆斯二世（James II and VII）统治，防止天主教复辟的非暴力政变，这场变故以国王出逃却未有流血而告终，史称"光荣革命"（Glorious Revolution），詹姆斯二世的长女玛丽被推选为国王，称玛丽二世（Mary II of England），次年英国议会通过了限制王权的《权利法案》（the Bill of Rights），宣布国王统而不治，国家权力由君主转移到议会，英国由此转变为君主立宪制政体。1694年玛丽二世死后无嗣，发动光荣革命的詹姆斯二世女婿威廉三世（William III of England）登基，他仅仅当了8年国王后便于1702年离世，死后无嗣，詹姆斯二世的次女安妮（Queen Anne）成为英国女王。詹姆斯二世仅有两个女儿，为了彻底断绝天主教教徒继位的可能性，1701议会再次发布法令申明，规定当1689年《权利法案》中所规定的继承人全部无子死亡后，英国王位将由汉诺威选侯夫人索菲娅的儿子继承。1714年，安妮女王（Queen Anne）无嗣而终，斯图亚特王朝结束。汉诺威选侯夫人索菲娅的长子格奥尔格·路德维希（Georg Ludwig，他的英文名为乔

▲ 乔治三世画像

韦尔夫勋章
Guelphen-Orden / Royal Guelphic Order

设立时间： 1815年8月12日

级别： 大十字级、一级指挥官级、二级指挥官级、骑士级、四级，以及同名奖章

授予标准： 建立卓越的军事与民事功绩或长期忠诚服务。

简介： 1815年8月12日，代父摄政的乔治四世（Georg IV.）发布法令，宣布设立一种新的勋赏，因汉诺威家族源于韦尔夫−埃斯特家族，因而以"韦尔夫"（Guelphen为Welfen的另一种拼法）为其命名。勋章最初设有大十字级、指挥官级、骑士级，以及同名奖章，颁发给建立卓越的军事与民事功绩的英国人、汉诺威人及外籍人士。由于英国一直视其为外国勋章，因此仅获颁韦尔夫勋章却没有获得

治·路易斯（George Louis）登上英国王位，称乔治一世（Georg I.），汉诺威选侯国与英国君合，英国进入汉诺威王朝时期。

　　1814年欧洲列强们召开了旨在于重划拿破仑战败后新一轮欧洲政治地图的维也纳会议，会上经过列强们同意，汉诺威与巴伐利亚、萨克森、符腾堡一起升格为王国，英王乔治三世（Georg III.）成为首任汉诺威国王。

　　1837年维多利亚女王（Queen Victoria）继承英国王位后，由于女性不得成为汉诺威统治者，所以她把汉诺威国王的头衔让给了叔叔恩斯特·奥古斯特一世（Ernst August I. von Hannover），两国君合时代结束。

　　1866年普奥战争爆发，汉诺威立场鲜明地支持奥地利，但这场纷争以奥地利战败而告终，弱小的汉诺威也在战争中被普鲁士吞并，沦为了普鲁士版图内的一个行省。

▲ 乔治四世画像

◀ ▼ 大十字级韦尔夫勋章
绶章。供图/DNW

◀ ▼ 大十字级佩剑韦尔夫
勋章绶章

下级勋位爵士（Knight Bachelor）的人不能在名字前加缀"Sir"。

英国和汉诺威分离之后，韦尔夫勋章作为汉诺威王国的勋章继续存在。1841年5月20日，韦尔夫勋章条例经历了重大修正，勋章重新设定为大十字级、一级指挥官级、二级指挥官级、骑士级、银质十字级共五个级别。1842年6月28日银质十字级更名为"四级勋章"（原因是将两种指挥官级视为了一个级别）。1849年允许在勋章上附加佩剑饰以示军事功绩。

韦尔夫勋章呈戴冠马耳他十字形，十字尖角上缀有小球，每两条十字臂之间饰有行走的雄狮，颁发给军事人员的佩剑装饰位于王冠与十字形章体之间。勋章正面中央红色背景上绘着飞奔在草地上的白马图案，外侧蓝色圆环上刻着铭文"NEC ASPERA TERRENT"（不惧艰险），最外面按获得者的功绩不同分别饰有橡叶（普通版）或月桂花环（佩剑版）。勋章背面中央红色圆盘上刻着设立者乔治四世的花押，其上方有王冠装饰，外侧有勋章设立年份"MDCCCXV"（1815）字样，最外面为橡叶（普通版）或月桂花环（佩剑版）花环。在正式场合，大十字级韦尔夫勋章会通过一条华丽的项链佩戴。

韦尔夫勋章为大十字级与一级指挥官级配备了星芒章，区别在于前者为八角形，后者是四角形，皆可附加佩剑装饰。星芒章正面中央绘着飞奔的白马图案，外侧蓝色圆环上刻着铭文"NEC ASPERA TERRENT"，最外面按获得者的功绩不同分别饰有橡叶（普通版）或月桂花环（佩剑版），星芒章通过勋章背面的竖形别针佩戴。

▲ 大十字级韦尔夫勋章星章。供图/Carsten Zeige

▲ 大十字级佩剑韦尔夫勋章星章。供图/Carsten Zeige

▲ 一级指挥官级韦尔夫勋章星章。供图/DNW

▶ ▲ 一级指挥官级佩剑韦尔夫勋章星章。供图/Spink

▲ 二级指挥官级韦尔夫勋章

▲ 二级指挥官级佩剑韦尔夫勋章

▲ ► 四级韦尔夫勋章。供图/
Hermann Historica

◄ ► 骑士级韦尔夫勋章。供图/DNW

供军士、士兵及普通平民使用的韦尔夫奖章呈圆形，表面镀银，奖章正面为头戴桂冠的乔治四世侧面头像，上方有"GEORG PRINZ REGENT"（摄政王格奥尔格）字样，头像底部是设立日期"1815"；奖章背面刻着"VERDIENST UMS VATERLAND"（为祖国效命），外圈环绕月桂花环。韦尔夫奖章得主每年还可以领到24帝国泰勒（Reichsthalern）的津贴。

汉诺威王国被吞并之后，韦尔夫勋章作为汉诺威家族的奖赏保留了下来，至今仍在小范围地发放。

◄ 骑士级佩剑韦尔夫勋章。供图/*Carsten Zeige*

▲ 四级佩剑韦尔夫勋章。供图/Künker

圣格奥尔格勋章
St. Georgs-Orden / Order of St. George

设立时间： 1839年4月23日

级别： 仅有一级

授予标准： 颁发给圣格奥尔格骑士团成员。

简介： 1714年至1837年英国与汉诺威君合期间，英国的嘉德勋章（Order of the Garter）一直被视为两国的最高勋赏，然而随着君合时代的结束，嘉德勋章不再颁发给汉诺威王公贵族。为了弥补这一空缺，1839年4月23日，汉诺威国王恩斯特·奥古斯特一世（Ernst August I. von Hannover）效仿嘉德骑士团的模式，宣布设立圣格奥尔格骑士团及王国最高级别的勋赏圣格奥尔格勋章，新勋赏仅有一个级别，且规定除汉诺威王族外，最多颁发给16位在世的获得者。与嘉德勋章不同的是，圣格奥尔格勋章的获得者过世后，勋章可由家属保留。

圣格奥尔格勋章由绶章与星芒章组成。它的绶章呈带冠马耳他十字形，十字尖角上缀有小球，每两条十字臂之间饰有行走的雄狮，正面中心绘有圣格奥尔格（即世人熟知的圣乔治）屠龙事迹；背面则是缠绕在一起的花体字母"EAR"（意为ERNST AUGUST REX，恩斯特·奥古斯特国王）。

▲ ► 圣格奥尔格勋章星章。供图/Künker

195

▲ 圣格奥尔格勋章绶章

此勋章所配的星芒章呈八角形放射状，中央绘有圣格奥尔格屠龙图案，外圈红色圆环上刻着金色铭文"NUNQUAM RETRORSUM"（永不退缩）。

由于圣格奥尔格勋章严格限定了同时获颁人数，因此在1866年汉诺威被普鲁士吞并之前，仅颁发了78枚，且绝大多数获得者皆为欧洲各国君主元首，非君主获得者仅有卡尔·冯·阿尔滕（Carl von Alten，汉诺威国务大臣）、威廉·楚·塞恩-维特根斯坦-霍恩施泰因（Wilhelm zu Sayn-Wittgenstein-Hohenstein，普鲁士国务大臣）、克莱门斯·梅特涅（Klemens Wenzel von Metternich，奥地利帝国外交大臣兼首相）、约瑟夫·拉德茨基·冯·拉德茨伯爵（Josef Wenzel Radetzky von Radetz，奥地利陆军元帅）、阿尔弗雷德一世·楚·温迪施-格雷茨侯爵（Alfred I. zu Windisch-Graetz，奥地利陆军元帅）等寥寥数人。根据现存文件，1866年汉诺威被吞并后，圣格奥尔格勋章作为汉诺威家族的奖赏得以继续佩戴，甚至在1878年至1900年汉诺威家族又新颁发了4枚，据记载最后一位获得者是巴登亲王马克西米利安（Maximilian von Baden，1900年获颁，他是末任德意志帝国首相，以发布德皇退位诏书而被人熟知）。

▲ 卡尔·冯·阿尔滕的青铜雕像，请注意雕像真实地反映了他佩戴着圣格奥尔格勋章

恩斯特·奥古斯特勋章
Ernst-August-Orden / Order of Ernst August

设立时间： 1865年12月15日

级别： 大十字级、一级指挥官级、二级指挥官级、一级骑士级、二级骑士级、金级和银级功勋十字奖章

授予标准： 卓越的民事或军事功绩。

简介： 1865年12月15日，时任汉诺威国王的格奥尔格五世（Georg V. von Hannover）宣布设立一种以其父恩斯特·奥古斯特一世（Ernst August I. von Hannover）为名的新勋赏，用以表彰做出卓越民事或军事功绩的人士。勋章共分大十字级、一级指挥官级、二级指挥官级、一级骑士级、二级骑士级共五个级别，以及金级和银级两种功勋十字奖章。

恩斯特·奥古斯特勋章呈白色马耳他十字形，十字尖角上缀有小球，每两条十字臂之间饰有王冠。勋章正面中央红色圆盘上刻着缠在一起的字母"EA"（代表恩斯特·奥古斯特），外圈蓝色圆环上为汉诺威王国的格言"SUSCIPERE ET FINIRE"（善始善终）；勋章背面中央是格奥尔格五世的花押，外圈为设立日期"DEC

▲ 汉诺威国王格奥尔格五世，请注意他佩戴全套嘉德勋章，并身着勋服

▲ 大十字级恩斯特·奥古斯特勋章绶章

MDCCCLⅩⅤ ⅩⅤ"（1865年12月15日）。

恩斯特·奥古斯特勋章为大十字级与一级指挥官级配备了星芒章，区别在于前者为八角形，后者是四角形。星芒章正面中央刻着缠在一起的字母"EA"，外圈蓝色圆环上为铭文"SUSCIPERE ET FINIRE"，星芒章通过勋章背面的竖形别针佩戴。

　　1866年普鲁士吞并汉诺威以后，恩斯特·奥古斯特勋章以汉诺威家族勋赏的形式得以保留，根据相关记载，直到1900年，格奥尔格五世的儿子恩斯特·奥古斯特二世（Ernst August II. von Hannover）仍旧以家族族长的名义颁出过少数的勋章。

　　以下为各级别的颁发数量汇总：大十字级42枚、一级指挥官级45枚、二级指挥官级95枚、一级骑士级213枚、二级骑士级409枚，以及34枚金级功勋十字奖章和数量不详的银级功勋十字奖章。

▲ ▶ 大十字级恩斯特·奥古斯特勋章星章

▲ ▶ 一级指挥官级恩斯特·奥古斯特勋章星章。供图/Künker

▲▼ 二级指挥官级恩斯特·奥古斯特勋章。供图/Hermann Historica

▲ 一级骑士恩斯特·奥古斯特勋章。供图/Carsten Zeige

▲ 二级骑士恩斯特·奥古斯特勋章。供图/Carsten Zeige

黑森-达姆施塔特大公国
Großherzogtum Hessen-Darmstadt / Grand Duchy of Hesse-Darmstadt

黑森统治者的历史可以追溯到古老的雷基那尔家族（Reginare），目前公认的家族始祖是马斯高伯爵（Graf im Maasgau）吉瑟尔伯特（Giselbert），他的贵族头衔于841年由洛泰尔一世皇帝（Lothar I.）册封，但在洛泰尔一世与其异母弟弟"秃头"查理（Karl der Kahle）的内战中，吉瑟尔伯特倒戈支持"秃头"查理以获取更大的利益。846年吉瑟尔伯特诱拐了洛泰尔一世的其中一个女儿，试图通过联姻来化解敌对行为。洛泰尔一世虽不情愿，但仍册封吉瑟尔伯特的儿子、即自己的外孙雷基那尔一世（Reginar I.）为洛特林根公爵（Herzog von Lothringen），雷基那尔家族的历史由此展开。

887年"胖子"查理被他的侄子卡林西亚边疆伯爵（Markgraf von Karantanien，卡林西亚又译克恩顿）阿努尔夫（Arnulf von Kärnten）废黜并取代，统一的法兰克王国陷入分裂，成为东法兰克王国国王的阿努尔夫收回了雷基那尔一世的洛特林根公爵头衔与封地，转而将洛特林根升格为洛泰林吉亚王国（Lotharingien）并封给了自己的私生子茨温蒂波德（Zwentibold），900年8月失去父亲恩宠的茨温蒂波德死于起兵反叛的雷基那尔一世之手，但雷基那尔一世至死都再未拿回封地。

925年雷基那尔一世的长子吉瑟尔伯特（与他爷爷同名）向东法兰克国王"捕鸟者"亨利（Heinrich der Vogler）效忠，作为回报，他被重新封为洛特林根公爵。936年亨利驾崩后，擅长政治投机的洛特林根公爵立即调转阵营投入西法兰克国王"海外归来者"路易（Ludwig IV. der Überseeische，即路易四世）帐下，但这次他所面对的敌人是新任东法兰克国王奥托一世（Otto der Große，即奥托大帝），在苦苦对抗了三年后，939年吉瑟尔伯特兵败被俘，他虽成功逃离了牢房，但在试图渡过莱茵河时不幸溺亡。

此后这个家族的发展轨迹基本以雷基那尔一世的次子雷基那尔二世（Reginar II.）为主。994年雷基那尔二世的孙子"大胡子"朗贝尔一世（Lambert I. der Bärtige）受封为鲁汶伯爵（Graf von Löwen），他在1015年死于权力争斗。1033年朗贝尔一世的次子朗贝尔二世（Lambert II.）接替早逝的大哥成为鲁汶与布鲁塞尔伯爵（Graf von Löwen und Brüssel），在他统治期间的1047年，他将殉道者圣古都勒（Sankt-Gudula）的遗物迎回圣弥额尔教堂（Sankt-Michaels-Kirche，今天这座"圣弥额尔圣古都勒主教座堂"仍是布鲁塞尔的标志性建筑）。由于不满于皇帝与教会的种种作为，1054年朗贝尔二世起兵对抗亨利三世皇帝（Heinrich III），但不久便兵败身亡。1095年，朗贝尔二世的孙子"大胡子"戈特弗里德一世（Gottfried I. der Bärtige）受封布拉班特伯爵（Landgraf von Brabant），日后他还成为安特卫普边疆伯爵（Markgraf von Antwerpen）与下洛林公爵（Herzog von Niederlothringen）。1125年亨利五世皇帝（Heinrich V.）去世后的皇位争夺战中，戈特弗里德一世支持霍亨斯陶芬家族（Hohenstaufen）的康拉德三世（Konrad III.），但最终苏普林堡的洛泰尔（Lothar von Süpplingenburg）胜出，登基成为洛泰尔二世（Lothar II.）。新皇上任后当即从戈特弗里德一世手里收回了下洛林公国，转而封给了林堡伯爵"异教徒"沃莱伦三世（Walram III. der Heide）。1140年戈特弗里德一世吞并下洛林和林堡，一跃成为低地国家地区重要的诸侯，1183年布拉班特被"红胡子"弗里德里希一世皇帝（Friedrich I. Barbarossa）

▲ 末任黑森大公恩斯特·路德维希（Ernst Ludwig）

世（Ludwig I. von Hessen）死后，黑森分裂为上黑森（Oberhessen）与下黑森（Niederhessen），分别由两个儿子统治，两地按首府所在亦称黑森-马尔堡（Hesse-Marburg）与黑森-卡塞尔（Hesse-Kassel），1500年前一支系绝嗣，黑森归于统一。

1567年"宽宏的"菲利普一世（Philipp I. der Großmütige）死后，他的儿子们分区继承了父亲的领地，黑森从此陷入了混乱的分裂状态。在众多衍生出的支系中，统治着南部德意志地区的黑森-卡塞尔与黑森-达姆施塔特是最重要的两个分支。后者在1806年加入莱茵邦联（Rheinbund）后，以向拿破仑一世提供军队为条件被升格为大公国。

1813年10月因拿破仑在莱比锡战役被击败，莱茵邦联解体。1815年黑森-达姆施塔特加入由奥地利主导的德意志邦联（Deutsche Bund）。由于其在1866年的普奥战争中支持奥地利，而在战后被迫割让部分领地给普鲁士。同时其北部地区加入了由普鲁士所创立的北德意志邦联（Norddeutsche Bund），1871年黑森-达姆施塔特成为新成立的德意志帝国邦国之一。

升格为公国。

1190年戈特弗里德一世的孙子戈特弗里德三世死后，其子"无畏的"海因里希一世（Heinrich I. der Mutige）弃用自己众多头衔中的"洛特林根公爵"名号，正式开始自称"布拉班特公爵"（Herzog von Brabant）。

1235年"无畏的"海因里希去世，传位于子海因里希二世（Heinrich II. von Brabant），海因里希二世经历过两段婚姻，第一任妻子是德意志国王兼士瓦本公爵菲利普（Philipp von Schwaben，他是"红胡子"弗里德里希一世的小儿子）的女儿玛丽娅（Maria von Staufen），他们的儿子"仁慈的"海因里希三世（Heinrich III. der Gütige）后来继承布拉班特爵位。海因里希二世的第二任妻子是图林根伯爵（Landgraf von Thüringen）路德维希四世（Ludwig IV., der Heilige）的女儿索菲娅（Sophie von Thüringen），两人育有"孩童"海因里希（Heinrich das Kind），1264年，20岁的"孩童"海因里希被封为黑森伯爵（Landgraf von Hessen）海因里希一世，黑森的历史从这里开始。

1458年，海因里希一世的五世孙路德维希一

路德维希勋章
Ludwigsorden / Ludwig Order

设立时间： 1807年8月25日

级别： 大十字级、一级指挥官级、二级指挥官级、荣誉十字级、骑士级以及同名金级、银级功勋奖章

授予标准： 建立了非凡的军事或民事功绩，1914年后仅表彰军事功绩。

简介： 1807年8月25日，首任黑森-达姆施塔特大公路德维希一世（Ludwig I. von Hessen-Darmstadt）在签署相关条例与定名的情况下宣布设立一种新的功绩勋章，此举实属罕见。

1831年12月14日此勋章的颁发条例正式出台，并正式命名为"路德维希勋章"。勋章最初设大十字级、一级指挥官级、二级指挥官级、骑士一级与骑士二级共五个级别，颁发给所有建立了军事或民事功绩的人士。

勋章呈红黑相间的马耳他十字形，十字章上方饰有王冠。勋章正面为刻在红色圆盘中代表设立者的花体字母"L"，外圈环绕着白色圆环，其上刻有"FÜR VERDIENST"（因为功勋）字样；勋章背面分四行刻着铭文"GOTT EHRE VATER LAND"（上帝、荣誉、祖国），外圈白色圆环上饰有月桂与橡叶。

▲ 早期骑士一级路德维希勋章。供图/Hermann Historica

　　路德维希勋章为大十字级与一级指挥官级配备了星芒章。前者为八角形，正面刻有"GOTT EHRE VATER LAND"，外圈白色圆环上饰有月桂与橡叶；后者为放大版的绶章，并在十字臂间增加放射状光芒，正面图案与大十字级一致。

　　1876年路德维希勋章被定为黑森大公国最高级别荣誉，1912年末任黑森大公恩斯特·路德维希（Ernst Ludwig）下令将骑士一级更名为荣誉十字级，取消原襟绶转而采用勋章背面竖形别针佩戴，同时骑士二级更名为骑士级。1914年8月战争爆发后，路德维希勋章彻底成为一种军事勋赏，不再颁发给民事人员。1917年大十字级勋章改为链绶佩戴，这也是它所经历的最后一次修改。随着1918年德国战败与君主制度的崩溃，当年12月黑森大公宣布退位后，勋章亦被废除。

　　由于条例规定获得者死后或被授予更高级别勋章时必须将原勋章上交，导致目前留存于民间的该勋章数量十分稀少。

▶ 早期骑士一级路德维希勋章的保存盒。供图/Hermann Historica

▲ 大十字级路德维希勋章星章。供图/Carsten Zeige

◀ 大十字级路德维希勋章绶章。供图/Carsten Zeige

▲ ► 一级指挥官级路德维希勋章星章。供图/
Andreas Thies

▼ 骑士级路德维希勋章。收藏/
号角工作室

▲ 二级指挥官路德维希勋章。
供图/*Andreas Thies*

◄ 荣誉十字级
路德维希勋章

路德维希勋章项下的同名奖章本为由路德维希二世（Ludwig II. von Hessen-Darmstadt）设于1843年9月25日的民事荣誉奖章（Zivil-Ehrenzeichen），1848年路德维希二世死后停止发放。1849年11月14日新任黑森大公路德维希三世（Ludwig III. von Hessen-Darmstadt）对其进行了修改，以"普通荣誉奖章"（Allgemeines Ehrenzeichen）的名字重新发放。1853年2月22日此奖章以"路德维希功勋奖章"（Verdienstmedaille des Ludewigsordens）之名被纳入路德维希勋章项下，以扩大后者的颁发对象。1859年10月25日新增银级奖章后，原奖章更名为金级路德维希功勋奖章。这种奖章正面为时任黑森统治者的侧面肖像与名字，背面刻有被花环围绕的受勋原因，如"FÜR TAPFERKEIT"（因为勇敢）、"FÜR FÜNFZIGJÄHRIGE TREUE DIENSTE"（因为50年忠诚服务）、"FÜR KRIEGSVERDIENSTE"（因为战争功勋）、"FÜR LANGJÄHRIGE TREUE DIENSTE"（因为长期忠诚服务）、"FÜR TREUE DIENSTE"（因为忠诚服务）、"FÜR VERDIENSTE"（因为功绩）、"FÜR RETTUNG VON MENSCHENLEBEN"（因为拯救生命）、"FÜR WIEDERHOLTE RETTUNG VON MENSCHENLEBEN"（因为再次挽救生命）、"FÜR TREUE ARBEIT"（因为忠诚工作）等，同时奖章的绶带因受勋原因而异。

"宽宏的"菲利普勋章
Orden Philipps des Großmütigen / Order of Philip the Magnanimous

设立时间： 1840年5月1日
级别： 大十字级、一级指挥官级、二级指挥官、荣誉十字级、骑士一级、骑士二级、银级十字级
授予标准： 在军事或民事领域做出杰出功绩。
版本： 第一版：1840年至1849年，正面为菲利普一世全身像；
　　第二版：1849年至1918年，正面为菲利普一世的侧面头像。
简介： 黑森归于统一后的1518年，14岁的菲利普继承父亲的爵位，成为黑森伯爵"宽宏的"菲利普一世（Philipp I. der Großmütige），在廷臣们的支持下，他逐渐成为一名富有独立主见的领主。菲利普一世以开明精神统治领地，使混乱的行政机构恢复秩序，在外交上纵横捭阖，摆脱了黑森的孤立状态。

▲ "宽宏的"菲利普一世（Philipp I. der Großmütige）画像

在16世纪20年代的混乱时期，他的表现极其出色。先于1523年镇压了弗朗茨·冯·济金根（Franz von Sickingen）的叛乱，又于两年后的德意志农民战争（Deutschen Bauernkrieg）期间率领联军，在弗兰肯豪森（Frankenhausen）击败托马斯·闵采尔（Thomas Müntzer）的图林根农民军，拯救了德意志中部各公国的危亡。

此时的德意志各地路德派的宗教改革运动正愈演愈烈，菲利普一世作为马丁·路德（Martin Luther）的支持者之一，敏锐地意识到宗教问题即是政治问题，同时认为只有将信奉新教的领主与城镇联合起来，才能取得信奉新教的自由。1531年，他与萨克森选侯（Kurfürst von Sachsen）"坚定的"约翰［Johann der Beständige，一年后由其子"宽宏的"约翰·弗里德里希一世（Johann Friedrich I. der Großmütige）继承爵位］一道成立了旨在反对神圣罗马帝国皇帝和天主教诸侯，保卫自己的独立地位和宗教改革期间夺得的教会地产的施马尔卡尔登同盟（Schmalkaldische Bund），并使之成为新教政治的中心。

为了彻底解决宗教纷争，1546年时任神圣罗马帝国皇帝的查理五世（Karl V.）宣布与施马尔卡尔登同盟开战。在这场被后世称为"施马尔卡尔登战争"（Schmalkaldischer Krieg）的纷争中，查

理五世巧妙利用施马尔卡尔登同盟内部的不和，尤其是萨克森公爵莫里斯（Moritz von Sachsen）的倒戈，逐个击败了同盟各成员，先后收服了南德的新教诸侯和城市，后降服了符腾堡，最后制服了黑森，并将投降的"宽宏的"菲利普一世监禁起来，同盟亦被解散。然而纷争并未就此了结，不甘心失败的新教诸侯联合部分天主教领主，并与法王亨利二世（Henri II）结为同盟，1552年新的战事（有时称为"第二次施马尔卡尔登战争"）终于爆发，查理五世在遭到一系列失利后，在1555年与诸侯们签订了《奥格斯堡宗教和约》（Augsburger Reichs- und Religionsfrieden），战争至此落下帷幕。

1840年5月10日，路德维希二世大公（Ludwig II. von Hessen-Darmstadt）宣布设立一种用以表彰在各领域做出杰出功绩的新勋章，路德维希

二世将新勋章命名为"'宽宏的'菲利普一世勋章"，希望以此向家族中最著名的先祖致敬，在黑森-达姆施塔特勋奖章序列中，它的地位仅次于路德维希勋章。

"宽宏的"菲利普勋章最初仅设有大十字级、一级指挥官级、二级指挥官级和骑士级，1849年增设了一种银质十字章作为第五个等级，同时允许在勋章上附加佩剑装饰。1859年骑士级被拆分为骑士一级和骑士二级，1876年勋章更名为"黑森大公国菲利普勋章"（Großherzoglich Hessischer Philipps-Orden）。1881年起允许在勋章上附加王冠装饰以表彰某些特殊贡献。1893年起佩剑版勋章仅颁发给在战争期间建立卓越功绩的人士。1900年增设荣誉十字级，以弥补二级指挥官级与骑士一级之间的空缺。

▲ 第一版大十字级"宽宏的"菲利普勋章星章

▲ 骑士一级"宽宏的"菲利普勋章保存盒。供图/Wöschler Orden

▲ 第一版二级指挥官级"宽宏的"菲利普勋章

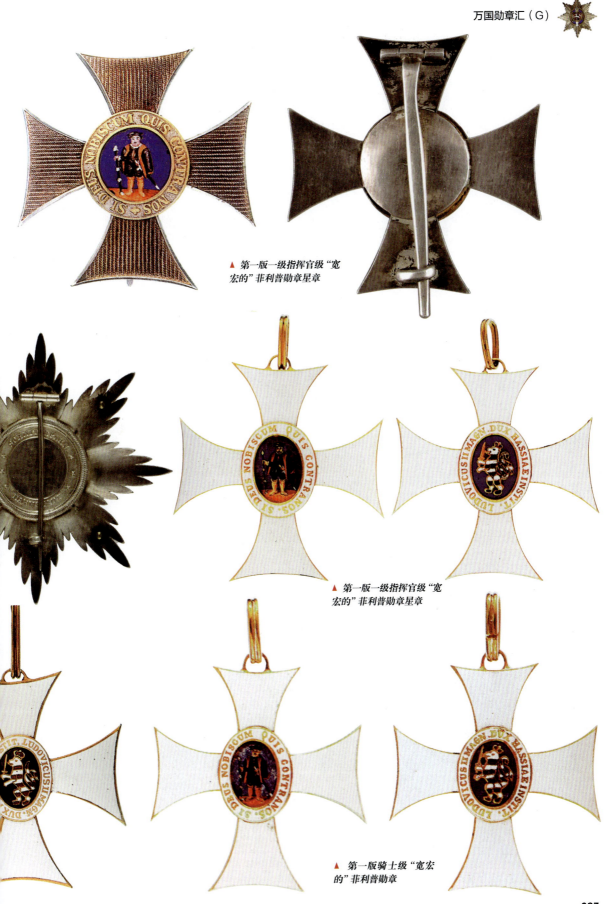

▲ 第一版一级指挥官级"宽宏的"菲利普勋章星章

▲ 第一版一级指挥官级"宽宏的"菲利普勋章星章

▲ 第一版骑士级"宽宏的"菲利普勋章

"宽宏的"菲利普勋章呈白色圣殿骑士团十字形（Templerkreuz），最初勋章正面为正在远眺的菲利普一世，外圈刻着铭文"SI DEUS NOBISCUM QUIS CONTRA NOS"〔上帝若帮助我们，谁能抵挡我们呢？（新约－罗马书

8:31）〕；勋章背面则为直立的挥剑雄狮，外圈环绕着"LUDOVICUS II MAGN. DUX HASSIAE INSTIT"（由黑森大公路德维希二世设立）字样。1849年起，勋章正面由彩绘图案修改为金色的菲利普一世侧面头像。

▲ 第二版大十字级"宽宏的"菲利普勋章绶章。供图/Hermann Historica

▲ 第二版大十字级佩剑"宽宏的"菲利普勋章绶章。供图/Carsten Zeige

▲ 第二版大十字级带王冠"宽宏的"菲利普勋章绶章。供图/Carsten Zeige

▲ 第二版大十字级带王冠佩剑"宽宏的"菲利普勋章绶章。供图/Carsten Zeige

▲ 第二版大十字级"宽宏的"菲利普勋章星章。供图/Bene Merenti

◄ 第二版大十字级带王冠"宽宏的"菲利普勋章星章。供图/Carsten Zeige

▲ ► 第二版大十字级佩剑"宽宏的"菲利普勋章星章。供图/Carsten Zeige

► 第二版大十字级带王冠佩剑"宽宏的"菲利普勋章星章

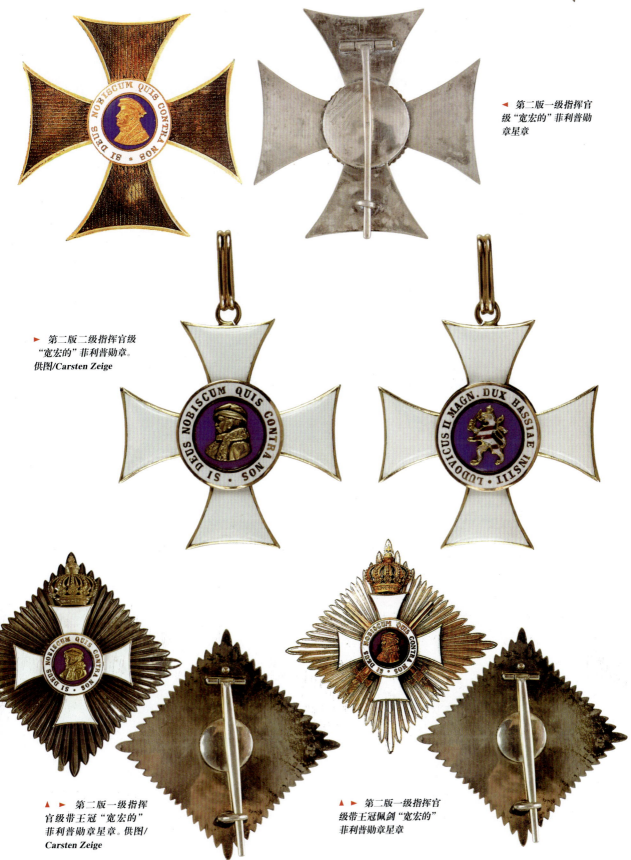

◀ 第二版一级指挥官级"宽宏的"菲利普勋章星章

▶ 第二版二级指挥官级"宽宏的"菲利普勋章。供图/Carsten Zeige

▲ ▶ 第二版一级指挥官级带王冠"宽宏的"菲利普勋章星章。供图/Carsten Zeige

▲ ▶ 第二版一级指挥官级带王冠佩剑"宽宏的"菲利普勋章星章

▲ 第二版二级指挥官级带王冠 "宽宏的" 菲利普勋章。供图/Carsten Zeige

▲ 第二版二级指挥官级佩剑 "宽宏的" 菲利普勋章。供图/Carsten Zeige

▲ 第二版二级指挥官级带王冠佩剑 "宽宏的" 菲利普勋章

▲ 第二版荣誉十字级 "宽宏的" 菲利
普勋章。供图/Hermann Historica

▲ 第二版荣誉十字级带王冠
"宽宏的" 菲利普勋章

▲ 第二版荣誉十字级带王冠佩
剑 "宽宏的" 菲利普勋章

▲ 第二版荣誉十字级佩剑 "宽
宏的" 菲利普勋章

▲ 第二版骑士一级"宽宏的"菲利普勋章。供图/Wöschler Orden

▼ ► 第二版骑士一级佩剑"宽宏的"菲
利普勋章。供图/Carsten Zeige

► 第二版骑士二级
"宽宏的"菲利普勋
章。供图/eMedals

▲ 第二版骑士二级佩剑"宽宏的"菲利普勋章

► 第二版骑士二级带王冠"宽宏的"菲利普勋章

◄ 第二版骑士一级带王冠佩剑
"宽宏的"菲利普勋章

► 第二版骑士二级带王冠佩剑"宽宏的"
菲利普勋章。供图/Carsten Zeige

"宽宏的"菲利普勋章为大十字级与一级指挥官级配备了星芒章，前者呈八角形，星芒底板上缀着菲利普一世头像，外圈环绕"SI DEUS NOBISCUM QUIS CONTRA NOS"字样。相比之下，后者的星芒章式样就繁杂了许多，第一版一级指挥官级星芒章从1840年设立之初到1849年为止，呈银色圣殿骑士团十字形，十字臂表面有雾状突起，正中图案与勋章一致。1849年起勋章正面图案改为菲利普一世侧面头像后，它也随之进行了修正。第二版出现于1901年至1911年间，其改动之处在于章体表面覆盖

了白色珐琅。1911年勋章条例经历了最后一次修改：为一级指挥官级星芒章的十字臂之间附加金色星芒，由此成为第三版，直至勋章被废除为止。对于王冠与王冠佩剑两种一级指挥官级星芒章则采用在菱形星芒底板上镶嵌整枚绶章的造型。

荣誉十字级勋章的造型与第二版一级指挥官级星芒章相似，区别在于前者刻有铭文的圆环没有珐琅涂层。

1918年随着德国战败与君主制度的崩溃，"宽宏的"菲利普勋章被废除。

▲ 第三版一级指挥官级"宽宏的"菲利普勋章星章。供图/Carsten Zeige

布拉班特之星勋章
Stern von Brabant / Order of Star of Brabant

设立时间： 1914年6月14日

级别： 大十字级、绿松石大指挥官级、一级大指挥官级、二级大指挥官级、一级指挥官级、二级指挥官级、一级荣誉十字级、二级荣誉十字级、骑士一级、骑士二级、一级银质十字级和二级银质十字级，外加仅授予女性的女士荣誉十字级、一级女士十字级、二级女士十字级和银质女士十字级，此外还有同名的奖章

授予标准： 杰出的民事功绩。

简介： 此勋章由末任黑森-达姆施塔特大公恩斯特·路德维希设于1914年6月14日，为了向自己的先祖首任黑森伯爵"孩童"海因里希一世（Heinrich

I. das Kind，他的父亲即布拉班特公爵海因里希二世）致敬，因而命名为"布拉班特之星勋章"，以表彰在社会福利或公共服务等民事领域做出贡献的人士。勋章共设有大十字级、绿松石大指挥官级、一级大指挥官级、二级大指挥官级、一级指挥官级、二级指挥官级、一级荣誉十字级、二级荣誉十字级、骑士一级、骑士二级，一级银质十字级和二级银质十字级；此外还别出心裁设置了仅授予女性的女士荣誉十字级、一级女士十字级、二级女士十字级和银质女士十字级，此外还有同名的奖章，其等级之繁杂实属罕见。依据颁发条例，布拉班特之星勋章获得者可以在盾形纹章中加入此勋章图案。此外除了大十字级、绿松石大指挥官级、一级大指挥官级，其他各级勋章皆可附加王冠装饰以示特别功绩。

布拉班特勋章呈灰蓝色十字形，银镀金材质，勋章正面中央为金色八角星光造型（高级别勋章上

的绿松石分别镶嵌在星光中心与十字臂之间；大指挥官级则将绿松石改为金属球；指挥官级正面星光尺寸稍小），勋章背面为权冠加冕的字母"H"（代表首任黑森伯爵海因里希一世）。需要注意的是，一级与二级银质十字级为银白色，且表面无灰蓝色珐琅。

该勋章项下的同名奖章呈圆形，正面为衬托在八角星光之上的带冠字母"H"，背面刻着"1244 / FÜRST / VOLK / NÄCHSTENLIEBE / WOHLFAHRT / 1914"（海因里希一世出生的1244年/领主/人民//慷慨/幸福/勋章设立的1914年）字样。

▲ 大十字级布拉班特之星勋章绶章

▲ 大十字级布拉班特之星勋章星章

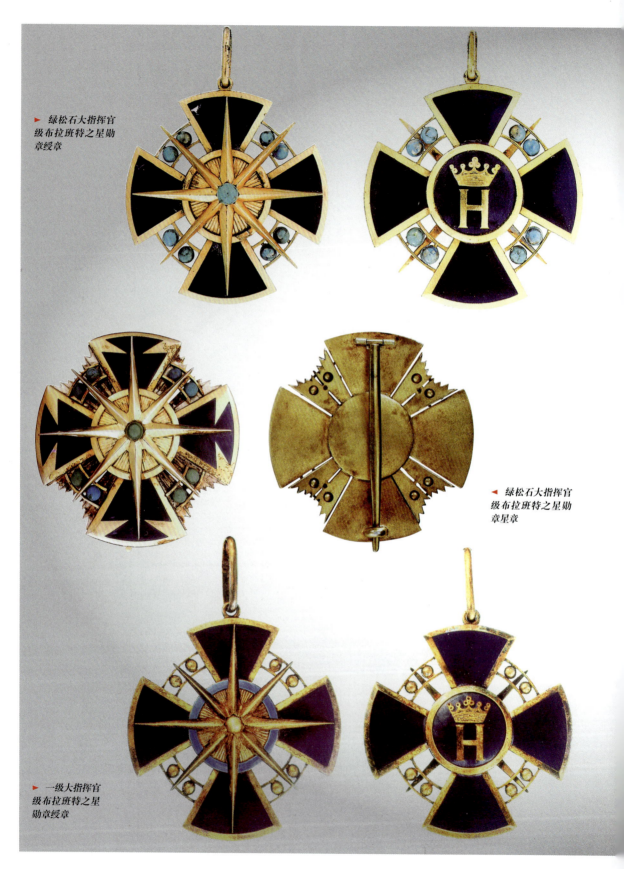

▶ 绿松石大指挥官
级布拉班特之星勋
章绥章

◀ 绿松石大指挥官
级布拉班特之星勋
章星章

▶ 一级大指挥官
级布拉班特之星
勋章绥章

二级大指挥官级布拉班特之星勋章绶章

二级大指挥官带王冠布拉班特之星勋章绶章

二级大指挥官级布拉班特之星勋章星章

一级指挥官级带王冠布拉班特之星勋章

二级大指挥官带王冠布拉班特之星勋章星章

一级指挥官级布拉班特之星勋章

▲ 二级指挥官级布拉班特之星勋章

▲ 二级指挥官级带王冠布拉班特之星勋章

▲ 一级荣誉十字级布拉班特之星勋章

▲ 一级荣誉十字级带王冠布拉班特之星勋章

◀ 二级荣誉十字级带王冠布拉班特之星勋章

▲ 二级荣誉十字级布拉班特之星勋章。
供图/eMedals

在正式场合下，大十字级与绿松石大指挥官级获得者将右肩披挂大绶，绶章系于大绶尽头，同时左胸佩戴星芒章；一级大指挥官级与二级大指挥官级为领绶，但前者配有星芒章；一级指挥官级与二级指挥官级也为领绶，区别在于章体表面花纹；一级荣誉十字级与二级荣誉十字级通过背面竖形别针佩戴；骑士一级、骑士二级、一级银质十字级和二级银质十字级皆为襟绶，通过绶带佩戴于左胸口处。女性版造型与标准版一致，区别在于采用蝴蝶结形绶带。

布拉班特之星勋章设立两个月后，"八月炮火"响彻了整个欧洲大陆，由于它并非军功类奖励，因而授出的勋章数量屈指可数，据估计每个级别也就10至15枚的颁发量。1918年随着德国战败与君主制度的崩溃，布拉班特之星勋章被废除。

▲ 骑士一级带王冠布拉班特之星勋章

◄ 骑士二级带王冠布拉班特之星勋章

▲ 骑士一级布拉班特之星勋章

► 骑士二级布拉班特之星勋章

黑森-卡塞尔选侯国

Kurfürstentum Hessen-Kassel / Electorate of Hesse

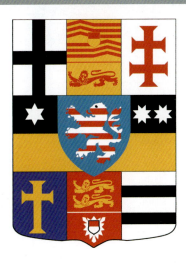

1567年黑森伯爵"宽宏的"菲利普一世（Philipp I. der Großmütige）死后，他的儿子们分区继承了父亲的领地，黑森从此陷入了混乱的分裂状态，在众多衍生出的支系中，统治着南部德意志地区的黑森-卡塞尔与黑森-达姆施塔特是最重要的两个分支，其中黑森-卡塞尔在1803年更是被拿破仑·波拿巴提升为选侯国。

在1866年的普奥战争中，由于黑森选侯国支持的奥地利战败，结果自身被普鲁士吞并。

功勋）为名。按照条例，这种仅有一个级别的伯国最高级别军事勋赏将颁发给在军事领域建立了卓越功绩的本国和盟国军官，并规定在和平时期仅授予少校以上衔级军官。1820年10月22日起勋章名字改为德语写法"Militär-Verdienstorden"。

军事功勋勋章呈粉色带冠马耳他十字形，每两条十字臂之间饰着黑森标志直立雄狮。勋章正面上方最初刻着重叠在一起的"F"与"L"（代表Friedrich Landgraf，弗里德里希伯爵），随着黑森-卡塞尔统治者的更迭，此处的刻字先后变为"W"与"L"（代表Wilhelm Landgraf威廉伯爵）和"W"与"K"（代表Wilhelm Kurfürst威廉选侯），正面其他部分的铭文则从未改变，皆为"VIR/TU/TI"（因为勇敢）字样；勋章背面空白无图案。这枚勋章通过一条镶着银边的天蓝色绶带佩戴于领口处。

黑森-卡塞尔被普鲁士吞并之后，此勋章亦被废除。

军事功勋勋章
Orden Pour la vertu militaire / Order of Military Merit

设立时间： 1769年2月25日
级别： 仅有一级
授予标准： 在军事领域建立了卓越功绩。
简介： 1769年2月25日，时任黑森-卡塞尔伯爵弗里德里希二世（Friedrich II. von Hessen-Kassel）效仿普鲁士的功勋勋章，宣布设立一种新的军事荣誉，因受当时欧洲宫廷流行法语的影响，它以"Pour la Vertu Militaire"（为了军事

◀ ▲ *军事功勋勋章。供图/*
Hermann Historica

223

金狮勋章
Hausorden vom Goldenen Löwen / House
Order of the Golden Lion

设立时间： 1770年8月14日

级别： 仅有一级

授予标准： 建立了极其卓越功绩的有功人士。

简介： 金狮勋章由时任黑森－卡塞尔伯爵弗里德里希二世（Friedrich II. von Hessen-Kassel）于1770年8月14日设立，最初仅有一个级别。作为伯国的最高荣誉，弗里德里希二世希望用此举向自己的先祖"圣伊丽莎白"致敬（她是黑森的首任伯爵"孩童"海因里希一世的母亲，其生平事迹详见前文"巴伐利亚王国之圣伊丽莎白勋章"），此勋章除了作为黑森－卡塞尔伯爵的家族勋章外，还用以表彰建立了极其卓越功绩的有功人士。

◀ ▼ *刺绣版金狮勋章星章。供图/Hermann Historica*

◀ ▲ *18世纪下半叶佩有刺绣版金狮勋章的一件礼服。供图/ Andreas Thies*

1818年1月1日，黑森选侯威廉一世
（Wilhelm I. von Hessen-Kassel）
修改了条例，将此前唯一的级别定为
大十字级，同时增设指挥官级与骑士
级，使其达到三个级别。但在1851
年8月20日，黑森末任选侯弗里
德里希·威廉一世（Friedrich
Wilhelm I.）将他祖父所增设
的两个级别移除，使之重新
保留为一个级别，被移除
的两个级别经过修改后成
为新的勋赏"威廉勋章"
（Wilhelmsorden）。

▼ ▶ 链授版金狮勋章。供图/
Hermann Historica

1866年黑森-卡塞尔被普鲁士吞并后，金狮勋章以"家族勋章"的名义得以继续保留。1875年弗里德里希·威廉一世死后，他与平民妻子所生的子女因父母的贵贱通婚，皆无资格继承爵位，由此这枚金狮勋章被同宗同源的黑森-达姆施塔特大公路德维希二世（Ludwig II. von Hessen-Darmstadt）所接收，从而金狮勋章在黑森-达姆施塔特继续颁发。在1876年6月6日发布的勋章条例中，金狮勋章被定性为与黑森-达姆施塔特的大十字级路德维希勋章（Ludwigs-Ordens）地位相当。

金狮勋章由绶章与星芒章两部分组成。它的绶章呈椭圆形，中心用镂空工艺雕刻着一只直立的戴冠雄狮，正面外圈环绕着铭文"VIRTUTE ET FIDELITATE"（勇气与忠诚）；背面外圈则为"FRIDERICUS II D. G. HASSIAE LANDGRAVIUS INST. 1770"（由黑森伯爵弗里德里希二世设于1770年）字样。

金狮勋章的星芒章呈八角放射状，正中红白相间的直立戴冠雄狮为黑森伯爵的家族纹章，外圈环绕着"VIRTUTE ET FIDELITATE"（勇气与忠诚）。

1918年随着德国君主制的崩溃，寄存于黑森-达姆施塔特勋奖章体系下的金狮勋章亦被废除。

◀ ▶ 大十字级金狮勋章绶章。供图/Carsten Zeige

▲ ▶ 大十字级金狮勋章星章。供图/eMedals

▲ ▶ 一级指挥官级金狮勋章星章。供图/Hermann Historica

▲ 骑士级金狮勋章。供图/
eMedals

铁盔勋章
Orden vom eisernen Helm / Order of the Iron Helmet

设立时间：1814年3月18日

级别：大十字级、一级骑士级、二级骑士级

授予标准：在对敌作战中表现优异。

版本：第一版：1814年至1815年，四叶苜蓿十字形章体；

第二版：1815年至1866年，马耳他十字形章体。

简介：经过1813年8月的德累斯顿战役和10月的莱比锡战役之后，曾经盛极一时的拿破仑帝国遭到了致命的失败，法军在德意志和波兰的残余力量均被摧毁。1814年初反法联盟的军队推进至法国境内，黑森-卡塞尔也趁此机会进行反抗法国解放故土的战争，3月18日，时任黑森选侯威廉一世效仿普鲁士王国的铁十字勋章，宣布设立新的军事荣誉"铁盔勋章"，以表彰在对敌作战中表现优异的人员。

铁盔勋章呈黑色四叶苜蓿十字形（Kleeblattkreuz，亦称Lazaruskreuz拉撒路十字或Brabanterkreuz布拉班特十字），勋章中心饰着一顶铁盔，字母"W"与"K"（代表设立者威廉一世选侯）分居两侧，底部则是设立日期"1814"。

由于铁盔勋章在设立时仿效了普鲁士的铁十字勋章，因此它的佩戴方式也与后者相同：大十字级为领绶，一级骑士级通过背面别针佩戴于左胸口处，二级骑士级通过绶带佩戴在衣服的扣眼处。

1815年，铁盔勋章启用了新的造型，将原四叶苜蓿十字形章体更改为马耳他十字，其余部分保持不变。1866年黑森-卡塞尔被普鲁士吞并后，铁盔勋章亦被废除，但实际上在1816年之后，此勋章就没有再颁发过。

▲ 第一版铁盔勋章　　　　　　　　　　▲ 第二版铁盔勋章

威廉勋章
Wilhelmsorden / William-Order

设立时间： 1851年8月20日

级别： 大十字级、一级指挥官级、二级指挥官级、骑士级、四级

授予标准： 在军事或民事领域做出杰出功绩。

简介： 1851年8月20日，黑森选侯弗里德里希·威廉一世（Friedrich Wilhelm I. von Hessen-Kassel）在原金狮勋章的基础上，经过适当修改后设立了"威廉勋章"，用以表彰在军事或民事领域做出杰出功绩的人士。

威廉勋章呈镶白边的红色马耳他十字形，其中大十字级与一级指挥官级的绶章上附加有权冠装饰。勋章正面为直立的戴冠雄狮，外圈刻着铭文"VIRTUTE ET FIDELITATE"（勇气与忠诚）字样；勋章背面为刻在蓝色珐琅底面上的金色权冠与"WK"字样。颁发给军事人员的勋章上有交叉双剑装饰。

威廉勋章为大十字级与一级指挥官级配备了星芒章。前者为八角形而后者为四角形，皆为银质，不同之处在于大十字级星芒章在八角形底板上另镶十字形绶章，而一级指挥官级星芒章上仅有正中圆盘装饰。按条例规定，大十字级采用大绶佩戴，指挥官级为领绶，骑士级与四级则佩戴在衣服扣眼处。

1866年8月1日，黑森－卡塞尔被普鲁士吞并，同年10月3日起威廉勋章被纳入普鲁士勋奖章体系之中，但当弗里德里希·威廉一世选侯于1875年逝世后，同年8月27日此勋章亦被正式废除。值得一提的是，威廉勋章被普鲁士吸纳后的1866至1875年间，后者并没有重新颁发过，反倒是弗里德里希·威廉一世在下台之后还授出了8枚威廉勋章。据统计在它短暂存在的16年间，共颁发出450余枚。

▲ ► 刺绣版大十字级威廉勋章星章。供图/ *Andreas Thies*

▲ ► 大十字级威廉勋章星章

▲ 大十字级威廉勋章绶章。供图/Andreas Thies

▲ 一级指挥官级威廉勋章星章

▲ 指挥官级威廉勋章

▲ 骑士级威廉勋章。供图/Hermann Historica

霍亨洛厄侯国

Fürstentum Hohenlohe / Principality of Hohenlohe

　　许多人可能对"霍亨洛厄"这个名词感到陌生，实际上作为古老的德意志贵族，他们与神圣罗马帝国法兰克尼亚王朝的统治者有十分密切的血缘关系。1153年的文献中记载了一个来自魏克斯海姆（Weikersheim）的贵族康拉德（Konrad），他的儿子小康拉德在得到了乌芬海姆（Uffenheim）附近的霍亨洛厄城堡（Burg Hohlach，也作Hohenloch）后将其改作家族府邸，因而得名"霍亨洛厄家族"。

　　搬入新居后没多久，这个家族以惊人的速度在科赫尔河（Kocher）、雅格斯特河（Jagst）与陶

▼ 现存的霍亨洛厄城堡

伯河（Tauber）流域扩展它的影响力。由于领地紧挨着繁忙的法兰克福（Frankfurt）—维尔茨堡（Würzburg）—奥格斯堡（Augsburg）商道，历任霍亨洛厄领主都非常重视这个得天独厚的优势，在14世纪一度争取到可以在巴伐利亚境内的陶伯河谷道路上武装护送商队的权力。

小康拉德死后无子，继承者是他的弟弟海因里希（Heinrich von Hohenlohe），海因里希的两个孙子戈特弗里德（Gottfried von Hohenlohe）与康拉德（Konrad I. von Hohenlohe）是弗里德里希二世皇帝（Friedrich II.）的坚定支持者，皇帝一度在1229年慷慨地赐予康拉德位于现今意大利阿布鲁佐（Abruzzo）附近的莫利塞伯国（Molise）作为嘉奖。但好景不长，仅仅一年后，原本势如水火的弗里德里希二世与教宗额我略九世（Gregorius IX，或译格里高利九世）暂时言和，康拉德之前获得的封赏也被收回，不过皇帝最终给了兄弟俩可以共同使用的"罗马涅伯爵"（Graf von Romagna）头衔作为补偿。

1230年康拉德与戈特弗里德商定将家族领地分为东西两块各自发展，东部地区归康拉德所有，府邸为布劳内克城堡（Burg Brauneck），这一脉被称为霍亨洛厄-布劳内克（Hohenlohe-Brauneck）支系，1390年绝嗣；戈特弗里德所拥有的西部地区，府邸仍在家族发源地霍亨洛厄城堡，故而得名霍亨洛厄-霍亨洛厄支系，他在统治期间将朗根堡（Langenburg）收入囊中，当然这也得益于他与弗里德里希二世的密切关系，这可以从戈特弗里德一度担任过皇帝的儿子、即日后的德意志国王康拉德四世（Konrad IV.，受父亲影响，终其一生都在与教廷做斗争，至死也未被教宗加冕）的老师和顾问这一点中证实。康拉德四世继位后也并没有亏待这位忠实的臣子，1250年国王授予戈特弗里德新的采邑雷根斯堡（Regensburg），这次封赏让恼羞成怒的雷根斯堡主教策划了一次暗杀行动，戈特弗里德侥幸逃过一劫。1266年戈特弗里德的两个儿子在他死后分割领地，形成长子克拉夫特一世（Kraft I. von Hohenlohe）的霍亨洛厄-魏克斯海姆（Hohenlohe-Weikersheim）与次子阿尔布雷希特一世（Albrecht I. von Hohenlohe）的霍亨洛厄-乌芬海姆（Hohenlohe-Uffenheim）两个分支。霍亨洛厄-魏克斯海姆支系似乎对添加地产非常热衷，位于因格尔芬根（Ingelfingen）附近的利希腾内格城堡（Burg Lichteneck）就是在克拉夫特一世与其子克拉夫特二世（Kraft II. von Hohenlohe）统治时期修建的。

随着名下领地越来越多，为了方便管理以及维护自身稳定的统治，霍亨洛厄的领主们开始委任一些小贵族代为日常治理（名义上的统治者作为霍亨洛厄家族成员），这些小贵族可以在受委托地区享受一定的管理权与司法审判权，亦可从贸易收益中分得红利，

但条件是他们必须为过往的商队提供护送服务，且位于厄林根（Öhringen）的造币厂及铸币权归霍亨洛厄家族所有。

1412年霍亨洛厄-乌芬海姆支系绝嗣，家族重新统一。六年后的1418年，西吉斯蒙德皇帝（Sigismund von Luxemburg）授予时任霍亨洛厄-魏克斯海姆领主阿尔布雷希特一世（他是克拉夫特二世之孙）最高豁免权，此特权意味着在整个帝国境内唯有皇帝本人与帝国法院才可起诉他。

鉴于诸多大权皆握于霍亨洛厄家族之手，他们的领地俨然已成了一个独立的政治实体，爵位的晋升也就顺理成章。1450年5月14日阿尔布雷希特一世的儿子克拉夫特五世（Kraft V. von Hohenlohe）被时任神圣罗马帝国皇帝弗里德里希三世（Friedrich III.）册封为帝国伯爵（Reichsgraf，属于没有封君、直接从属帝国的中等封建领主，在帝国议会的伯爵评议会中按照地理划分集体行使投票权），同时授予的还有在名义上归属克拉夫特五世的齐根海姆（Ziegenhain，通过家族联姻获得），但实际上齐根海姆早已被黑森伯爵路德维希一世（Ludwig I. von Hessen）占据，这场纠纷持续了整整45年。1495年召开的沃尔姆斯帝国会议（Reichstag zu Worms）上，在马克西米利安一世国王（Maximilian I. 他在1508年才被加冕为帝）的调解下，霍亨洛厄与黑森达成共识，前者放弃了对齐根海姆的领土诉求，同时获得后者支付的补偿金。多说句题外话，在这场被后世所熟知的会议上，最重要的成果是"帝国改革"这一方针，确立了初步建构维护帝国和平与秩序的制度化机制，皇帝与邦国诸侯逐渐在改革所确立的制度框架内以和平的方式解决纷争，为其后帝国和平与秩序的发展奠定了基础。

在宗教改革（Reformation）期间的1551年，弥留之际的格奥尔格伯爵（Georg von Hohenlohe，克拉夫特五世的曾孙）在临死前完成了成为新教徒的宗教仪式，从此霍亨洛厄家族皆皈依新教并于1553年下令伯国所有神职人员必须遵奉《奥格斯堡信纲》（Confessio Augustana），不过后来出于政治利益一度又回到了罗马天主教的怀抱，他们将会为这种反复无常的行为付出沉重的代价。1555年，格奥尔格的两个同父异母儿子通过协议分割父亲留下的领地，最终形成路德维希·卡西米尔（Ludwig Casimir）的霍亨洛厄-诺伊恩施泰因（Hohenlohe-Neuenstein）埃伯哈德与（Eberhard）的霍亨洛厄-瓦尔登堡（Hohenlohe-Waldenburg）两个分支，最重要的厄林根恰好位于两国的交界处，双方都声称拥有这座城市的统治权，此项争端未能得到解决。

在三十年战争（Dreißigjähriger Krieg）期间，信奉罗马天主教的霍亨洛厄伯国被瑞典吞并，直至《威斯特伐利亚和约》（Westfälischer Friede）签订后才复

国，但实力已大不如前。

1757年8月，霍亨洛厄-瓦尔登堡支系率先升格为侯国，1764年1月霍亨洛厄-诺伊恩施泰因支系也获得了提升，之后双方就厄林根的归属问题继续争论不休。所有的家族内部纷争都在1806年莱茵邦联成立后画上了句号，根据邦联内部的协议，符腾堡王国吞并了霍亨洛厄侯国绝大部分领地，后者在席林格斯菲斯特（Schillingsfürst）的飞地则被巴伐利亚王国收入囊中，霍亨洛厄家族正式退出历史舞台。

凤凰勋章
Haus-und Ritterorden vom Phoenix / House-and Phoenix Order

设立时间： 1757年12月29日

级别： 一级、二级

授予标准： 霍亨洛厄家族成员、忠诚服务于侯国的世袭贵族及外国权贵。

简介： 1757年12月29日是霍亨洛厄-瓦尔登堡-席林格斯菲斯特侯爵菲利普·恩斯特（Philipp Ernst zu Hohenlohe-Waldenburg-Schillingsfürst）的九十五岁生日，在当天的庆祝仪式上老侯爷宣布设立一种新的勋赏，名曰"赤焰王室勋章"

▲ 年轻时的霍亨洛厄-瓦尔登堡-席林格斯菲斯特侯爵菲利普·恩斯特

▲ 一级凤凰勋章星章。供图/Hermann Historica

（Hausorden Von der Goldenen Flamme），由于最初目的仅为家族内部连接情感关系的纽带，故而仅颁给侯爵的家人、子孙后代及其亲属。

1770年菲利普·恩斯特的儿子卡尔·阿尔布雷希特一世（Karl Albrecht I. zu Hohenlohe-Waldenburg-Schillingsfürst）将授予对象扩大为至少世袭四代以上的德意志贵族，外国友人如符合要求亦可获颁，同时勋章名称更改为"凤凰王室骑士勋章"（Haus- und Ritterorden vom Phoenix）。

1795年霍亨洛厄-瓦尔登堡-巴腾施泰因侯爵利奥波德（Leopold zu Hohenlohe-Waldenburg-Bartenstein）将勋章拆分成了两个等级，原有的视为一级，仅限霍亨洛厄家族与其他没有封君、直属帝国的统治家族成员；新增的二级勋章颁发给忠诚服务于霍亨洛厄家族的小贵族、外国友邦的知名人士与权贵等，且不限获得者性别。

两个等级的勋章在式样上略有不同。一级勋章呈白色花瓣状十字，正面中央绘有涅槃的凤凰，凤凰的头朝向右侧，外圈为红色圆环与金色火焰装饰，四条十字臂上分别刻有"EX/FLAM/CLA/RIOR"（浴火重生，全写应为Ex Flammis Clarior）字样，勋

章背面为带冠黑色字母"PE"（代表设立者菲利普·恩斯特），衬托在金色火焰之上，绶带为红底黑白镶边。而二级勋章则为白色马耳他十字形，正面中央凤凰的头朝向左侧，头顶处有铭文"IN SENIO"（意为"六口之家"，三世同堂是当时社会所极力推崇的家庭），十字臂上有跳跃的火焰图案，勋章背面为带冠红色字母"PE"，衬托在金色火焰之上，采用红底绿白镶边的绶带。

凤凰勋章的星芒章仅限男性获得者使用，为镶嵌在银色八角形底板上的十字绶章造型，正面中央刻有"IN SENIO"字样。

由于霍亨洛厄侯国知名度太低、苛刻的颁发要求，以及获得者死后勋章必须收回的规定，时至今日它成为罕见的德意志邦国勋奖章之一。此外由于获得者为统治者亲属基本可以无视勋章条例的关系，因而出现了五花八门的佩戴方式，易让后人产生有多个等级的误解。

霍亨洛厄侯国被吞并后，这种勋赏以霍亨洛厄家族勋章的名义继续颁发，不过需要经过符腾堡国王的审批，二级勋章于1829年终止发行，一级勋章在1918年之前仍有少量授出。

▲ 一级凤凰勋章绶章。供图/DNW

▲ 女性版二级凤凰勋章。
供图/Hermann Historica

号角 I

号角 II

号角 III

号角 IV

号角 V

号角 VI

号角 VII

号角 VIII